主　编
王克瑞

编　委（按姓氏笔画排列）
王　锋　王宴青　邬纯芳　李宗达　陆　洋　陈　红　赵　飞　郭海霞　梁刚建

青少年语言表演艺术

播音主持系列第9级

全国青少年语言表演艺术测评中心 编

中国传媒大学出版社
·北京·

前言

　　语言表达能力的提高，非一日之功，绝非高强度冲刺便能速成的。当下的家长圈里流行一种论调："孩子学习成绩不好，就走艺术专业吧。"在这种被逼上梁山的无奈之下学习语言艺术，多少带有一些沉重的功利色彩。

　　蔡元培先生提出的"美育"的力量呢？先生说："我们提倡美育，便是使人类能在音乐、雕刻、图画、文学里又找见他们遗失的情感。我们每每在听了一支歌，看了一张画、一件雕刻作品，或者读了一首诗、一篇文章以后，常会有一种说不出的感觉；四周的空气会变得更温柔，眼前的对象会变得更甜蜜，似乎觉到自己在这个世界上有一种伟大的使命。这种使命不仅仅是要使人人有饭吃、有衣裳穿、有房子住，它同时还要使人能在生存以外，可以享受人生。知道了享受人生的乐趣，同时更知道了人生的可爱，人与人的感情便自然地更加浓厚起来。"先生的话，至今让我们感同身受，语言艺术是最好的审美，应该像先生所说那样，敦重乐教，发挥美育的力量。

　　语言艺术，口耳之学，离不开长期熏陶，且一定要坚持中外文化经典的熏陶。我们看到一些语言训练教材内容过于低龄化、养分少，低估了这些"小大人"，止于游戏之乐，人文营养不良，语言艺术空心化、同质化，导致这些"小大人"无论朗诵还是主持，都学着大人的腔调，没有了独特感受，没有了孩子味儿。我们希望做到的是：从5岁到14岁，在"童蒙养正，少年立志"的最佳成长阶段，让语言艺术感染他们，使他们练就童子功、打好底子。

古文是中文的根基，尤其是古文经典，布局严谨、行文简洁、气韵生动、文采斐然、思想隽永。比如，《道德经》作为"内圣外王"之学，被誉为"万经之王"，深刻影响着中国的哲学、科学、政治、宗教，是除了《圣经》之外，被译成外国文字后发行量最大的世界文化名著。《逍遥游》语言节奏明快、便读易记、气势磅礴、铿锵有力、想象丰富、意境开阔，对其声音、句式、辞格等进行语言研究的人络绎不绝。在这套丛书里，我们要求孩子们朗读这些古文经典，而不强求背诵，将其穿插在表演、游戏、动画配音等环节里，较为轻松。我们相信，读书百遍，其义自现，让这些古文经典印刻在孩子们的童年里，它们总有一天会萌芽、成长。我们从中外传统经典名篇中精挑细选一小段，作为引子，希望孩子们下课之后主动去寻找这些书籍，希望听到他们翻阅经典、朗读经典的声音。我们相信，孩子从小受到经典文化熏陶，立身为人，必然出口不凡。

语言艺术从来就不是孤立的，它因为新闻属性而有了新闻播报与评论、现场报道等不同表达形式；它因为文化属性而有了朗诵、表演、演讲、主持等不同表现形态。字正腔圆、口齿清晰、嘴皮利索是基本功，这很重要，因此在本套教材前两册里，这项基本功训练占了三分之一的课时。到中高级进阶阶段，更多的篇幅放在了语言功力的培养上。正如张颂先生所言，语言功力是语言的功底和能力，应该包括观察力、理解力、感受力、思辨力、表现力、回馈力、调检力、鉴赏力这八大功力。

本套教材设计了动物模仿、音乐感受、无实物表演、油画描述解读、新闻现场观察等环节，采用朗诵、表演、配音、演讲、播报、评论等多种形式，让学生去理解、思辨、鉴赏与表达。引导学生聆听经典朗诵、影视配音，鉴赏油画和海报等，力求做到鉴赏与表达互补。在新闻现场，让学生自己去观察、分析，确定选题目标，自拍新闻照片，开展现场报道。教材还采用当下最流行的PBL项目式学习（Project-based Learning），在关注"共享单车""低头族""中国式过马路"等现象的学习中，学生会更加清晰地面对真实社会的实际问题去独立思考：为什么我要关注这个问题？哪些是需要重点关注的对象？这不仅仅是与真实世界建立联系，更重要的是提出真实的问题，而这些真实的问题往往没有标准答案。教师将带领学生自制节目，开分享会，邀请学生、家长和专业人士作为第一观众一起思考、提出建议。观众惊讶的表情是最让人心潮澎湃的，这让学生自然而然地重视分享。在愉快分享的同时，培养学生听取反馈、学会反思的好习惯。我们认为，语言理性与感性的审美培育，才是语言艺术教育的真正出路。

我们坚持从娃娃抓起，力求教材内容专业而有趣。教师与家长、学生积极互动，让学生以踮起脚尖够一树苹果的姿态，愉快地参与播音主持考级和朗诵表演考级。依托专业思路，每一阶段设定不同的目标，我们希望告诉每一位家长，考级不是最终目的。从娃娃抓起，却不让孩子继续做自己，不是我们的目的。我们的目的是：引导孩子分享思想、表达感受，让他们的清澈眼睛里映照出这个世界最初的样子,在幼小的心灵里播种未来人生的第一个梦想。

我们寻找每一位"手持戒尺、眼中有光"的老师。每一个孩子都是可爱的,有鲜活的思想、天使般的心境,有超越现实的想象力和创造力,只有在生命美丽的时候,世界才是美丽的。每一个孩子的语言原本就是干净、美好的,犹如一件宝物放在你眼前,有的人看中的是经济价值,无法摆脱对材质、名款等世俗标准的盲从,而真正的师者,会以审美的眼光,手执戒尺,让宝贝绽放艺术之光辉。

工作之余还能有闲暇去做人,有闲暇去做人的工作,便是幸福。我们编著的教材就是这样,不拘一格,宽严相济,期盼孩子们通过这些有趣的训练项目,也有闲暇去发挥他们的智慧与才能。用如此心态审视,他们将会发现语言艺术世界充满美好、光明。在我们看来,这便是童子功的培养。

中央电视台导演 邬纯芳
2017年12月

扫一扫，
获取在线数字资源

第九级

第九级训练目的 / 002

第一课 / 003
一、油画解读训练 / 003
　　吹肥皂泡的少年 / 003
二、朗诵训练——《大学》/ 005
三、播音主持样式训练 / 006
　　海　燕 / 006

第二课 / 009
一、油画解读训练 / 009
　　日出·印象 / 009
二、朗诵训练——《大学》/ 011
三、播音主持样式训练 / 012
　　珍珠鸟 / 012

第三课 / 015
一、油画解读训练 / 015
　　贩卖孩子的商人 / 015
二、朗诵训练——《大学》/ 017

三、播音主持样式训练 / 018
　　听听那冷雨（节选）/ 018

第四课 / 021
一、油画解读训练 / 021
　　自由引导人民 / 021
二、朗诵训练——《大学》/ 023
三、播音主持样式训练 / 024
　　白杨礼赞（节选）/ 024

第五课 / 027
一、漫画解读评论训练 / 027
　　朋友，好久不见 / 027
二、朗诵训练——《大学》/ 028
三、播音主持样式训练 / 030
　　四世同堂（节选）/ 030

第六课 / 033
一、漫画解读评论训练 / 033
　　拔 / 033
二、朗诵训练——《大学》/ 034
三、播音主持样式训练 / 035
　　沈园的故事 / 035

第七课 / 038

一、漫画解读评论训练 / 038

　　叔叔是色盲 / 038

二、朗诵训练——《大学》/ 039

三、播音主持样式训练 / 040

　　匆　匆 / 040

第八课 / 042

一、漫画解读评论训练 / 042

　　门　槛 / 042

二、朗诵训练——《大学》/ 043

三、播音主持样式训练 / 044

　　再寄小读者·通讯二（节选）/ 044

第九课 / 047

一、海报描述解读训练 / 047

　　《参军入伍》征兵海报 / 047

二、朗诵训练——《大学》/ 048

三、播音主持样式训练 / 049

　　天安门广场解说词 / 049

第十课 / 052

一、海报描述解读训练 / 052

　　《三个摩登女性》电影海报 / 052

二、朗诵训练——《大学》/ 053

三、播音主持样式训练 / 054

　　舌尖上的中国——自然的馈赠
　　（节选）/ 054

第十一课 / 057

一、海报描述解读训练 / 057

　　《保护野生动物》公益海报 / 057

二、朗诵训练——《大学》/ 058

三、播音主持样式训练 / 059

　　怎样才配做一个现代学生（节选）/ 059

第十二课 / 063

一、海报描述解读训练 / 063

　　《雷锋在你我身边》宣传海报 / 063

二、朗诵训练——《大学》/ 064

三、播音主持样式训练 / 065

　　龙华：神秘大佛（节选）/ 065

第十三课 / 068

一、现场报道训练 / 068

　　暴雨突袭井盖被冲走　老人雨中坚守一
　　小时引导路人 / 068

　　为防孩子走失　父亲"铐"着儿子游玩 /071

二、朗诵训练——《大学》/ 072

三、播音主持样式训练 / 073

　　秋天的怀念 / 073

第十四课 / 076

一、现场报道训练 / 076

　　我在辽宁舰上留张影 / 076

二、朗诵训练——《大学》/ 077

三、播音主持样式训练 / 078

　　国庆阅兵仪式解说词 / 078

第十五课 / 081

一、现场报道训练 / 081

　　战高温　保生产 / 081

二、朗诵训练——《大学》/ 082

三、播音主持样式训练 / 083

　　是真的吗，藿香正气水与头孢类抗生素
　　同服会中毒？/ 083

第十六课 / 086

一、现场报道训练 / 086

重庆残疾大姐只用两根手指包抄手 赚两套房 / 086

二、朗诵训练——《大学》/ 087

三、播音主持样式训练 / 088

长江三峡（节选） / 088

第十七课 / 092

一、现场报道综合训练 / 092

我看共享单车 / 092

二、朗诵训练——《兰亭集序》/ 093

三、播音主持样式训练 / 095

二里头·最早的紫禁城（节选）/ 095

第十八课 / 098

一、现场报道综合训练 / 098

交通规则之我见 / 098

二、朗诵训练——《兰亭集序》/ 099

三、播音主持样式训练 / 101

五猖会（节选） / 101

测评内容与要求 / 104

后记 / 105

第九级训练目的

● 油画解读训练目的

1. 使学生初步做到描述准确、结构明确、脉络清晰。

2. 言之有据，使学生养成在口语表达前做好素材分析的习惯。即兴口语表达也叫无稿播音，但不应真的"即兴"，不能想到哪说到哪，要打好腹稿，不做无准备的表达。

3. 由浅及深，由表及里，使学生在描述画作的过程中，进一步感受画家的思想感情。

4. 使学生认识到口语表达不能为了说而说，要有明确的表达目的和对象。

● 漫画解读评论训练目的

能在简单、幽默的漫画笔触中看懂图画、理解深意，在描述的同时做适当评论。

● 海报描述解读训练目的

在描述海报时，能从宣传者的角度出发，思考宣传目的，掌握现场介绍、推荐的形式。

● 现场报道训练目的

1. 进入图片中的情境，尽可能细致深入地挖掘新闻图片中的细节信息，注意不要自说自话，应突出现场交流感。

2. 培养敏锐的视角，能及时发现值得报道和反映的点，并逻辑缜密、脉络清晰地完成报道。

第一课

一、油画解读训练

 训练内容

吹肥皂泡的少年

《吹肥皂泡的少年》是法国平民写实主义画家巴蒂斯特·西蒙·夏尔丹于1734年创作的一幅风俗画，画作中描绘的题材较为普通，情境单纯，体现了一种清闲、安逸的生活情趣，反映了下层平民的孩子们自然、俭朴、淳厚、善良的美好情感。

夏尔丹是极受狄德罗称赞的画家之一。他擅长静物画的同时也擅长风俗画，并且试图通过静物画来反映城市平民的生活趣味，通过风俗画来反映城市平民和善、友好、勤劳、俭朴的美好品德。他的风俗画受荷兰小画派影响，但思想内容更深刻，善于把人物形象和生活环境联系起来。他最喜欢画平民的生活形象，表现人们日常生活中休闲、轻松的活动情景，让人感到亲切、自然。①

训练提示

"真实感"和"信念感"源自斯坦尼斯拉夫斯基体系术语，是表演技术的重要元素，指的是演员对剧情所虚构的一切有真情实感，并真诚相信。播音主持与表演之间有着密不可分的关系，表演中主张的"真听""真看""真感受"尤其值得播音主持即兴口语表达借鉴。

---

① 百度百科"吹肥皂的少年"词条[EB/OL].(2016-04-22)[2017-05-18]. https://baike.baidu.com/item/%E5%90%B9%E8%82%A5%E7%9A%82%E6%B3%A1%E7%9A%84%E5%B0%91%E5%B9%B4.略有删改。

二、朗诵训练——《大学》

训练内容

> 大学之道，在明明德，在亲民，在止于至善。知止而后有定，定而后能静，静而后能安，安而后能虑，虑而后能得。物有本末，事有终始。知所先后，则近道矣。古之欲明明德于天下者，先治其国；欲治其国者，先齐其家；欲齐其家者，先修其身；欲修其身者，先正其心；欲正其心者，先诚其意；欲诚其意者，先致其知；致知在格物。

第九级　第一课

训练提示

　　朗读，即清清楚楚地高声读诵。这里提出了两个要求：一是清楚，二是高声读诵。简单来说，就是口齿要清楚，让人听得明白；要保证气息通畅，音量足够大，使语言清晰。此外，同学们要养成正确的朗读习惯，在开口前逐字逐句地透彻理解文章，进而深入体会，反复揣摩，切忌见字发声。在接下来的练习中，同学们要熟读文章、理解文意，在朗读时咬字清晰，把声音放出来。

　　【注释】大学之道：大学的宗旨，大学的最终目的。大学："博学"之态。道：本指道路，这里指的是在学习政治、哲学时所掌握的规律和原则。　明明德：第一个"明"是动词，彰显、发扬之意；第二个"明"是形容词，含有高尚、光辉的意思。　亲民：一说是"新民"，使人弃旧迎新、弃恶扬善。　止于：处在。定：明确目标所在。　静：心不妄动。　安：随处而安。　虑：考虑周详。　得：得到成果。　齐其家：将自己家庭或家族的事务安排、管理得井井有条，人与人之间的关系和谐，家业繁荣的意思。修其身：完善自己的品行和人格。　致其知：让自己得到知识和智慧。　格物：研究、认识世间万物。

三、播音主持样式训练

海　燕

高尔基

在苍茫的大海上，狂风卷集着乌云。在乌云和大海之间，海燕像黑色的闪电，在高傲地飞翔。

一会儿翅膀碰着波浪，一会儿箭一般地直冲向乌云，它叫喊着，——就在这鸟儿勇敢的叫喊声里，乌云听出了欢乐。

在这叫喊声里，充满着对暴风雨的渴望！在这叫喊声里，乌云听出了愤怒的力量、热情的火焰和胜利的信心。

海鸥在暴风雨来临之前呻吟着，——呻吟着，它们在大海上飞窜，想把自己对暴风雨的恐惧，掩藏到大海深处。

海鸭也在呻吟着，——它们这些海鸭啊，享受不了生活的战斗的欢乐：轰隆隆的雷声就把它们吓坏了。

蠢笨的企鹅，胆怯地把肥胖的身体躲藏到悬崖底下……只有那高傲的海燕，勇敢地，自由自在地，在泛起白沫的大海上飞翔！

乌云越来越暗，越来越低，向海面直压下来，而波浪一边歌唱，一边冲向高空，去迎接那雷声。

雷声轰响。波浪在愤怒的飞沫中呼叫，跟狂风争鸣。看吧，狂风紧紧抱起一层层巨浪，恶狠狠地把它们甩到悬崖上，把这些大块的翡翠摔成尘雾和碎末。

海燕叫喊着，飞翔着，像黑色的闪电，箭一般地穿过乌云，翅膀掠起波浪的飞沫。

看吧，它飞舞着，像个精灵，——高傲的、黑色的暴风雨的精灵，——它在大笑，它又在号叫……它笑那些乌云，它因为欢乐而号叫！

这个敏感的精灵，——它从雷声的震怒里，早就听出了困乏，它深信，乌云遮不住太阳，——是的，遮不住的！

狂风吼叫……雷声轰响……

一堆堆乌云，像青色的火焰，在无底的大海上燃烧。大海抓住闪电的箭光，把它们熄灭在自己的深渊里。这些闪电的影子，活像一条条火蛇，在大海里蜿蜒游动，一晃就消失了。

——暴风雨！暴风雨就要来啦！

这是勇敢的海燕，在怒吼的大海上，在闪电中间，高傲地飞翔；这是胜利的预言家在叫喊：

——让暴风雨来得更猛烈些吧！

第九级

第一课

训练提示

《海燕》作为家喻户晓的名篇，给人印象最深的便是文末那句慷慨激昂的"让暴风雨来得更猛烈些吧"，这是对勇敢无畏的海燕的赞颂，其中蕴含了作者对无产阶级斗争必将胜利的信心。请思考海燕、海鸥、海鸭及企鹅分别代表什么，作者想赞扬海燕的哪些品质。

要立足于对文章的整体把握，使播音基调与作者的思想感情有机统一，而这种统一要靠语气及节奏来体现。在处理作品时，同学们要根据作者思想感情的起伏来使声音的外部形式产生与之对应的抑扬顿挫、轻重缓急，形成合适的播音节奏。

一、油画解读训练

日出·印象

　　《日出·印象》是印象派之父、法国画家莫奈于1872年在勒阿弗尔港口画的一幅写生画，这幅画描绘的是勒阿弗尔港口在清晨太阳刚刚升起的时候的样子。由于画家要用很短的时间，在光线还没有变化前，将早晨的美景画下来，所

以画面不可能描绘得很仔细。整个画面笼罩在稀薄的灰色调中，笔触非常随意，展现了一种雾气交融的景象。日出时，海上雾气迷蒙，水面反射着天空和太阳的颜色。岸上景色隐隐约约、模模糊糊，让人看不清。该画是印象主义绘画的开山之作，它标志着印象派绘画的产生。之后，印象派迅速成为一个风靡全球、影响深远的世界性画派。它强调自然界的光和色，把光与色的变化作为绘画的重点。

《日出·印象》展出时，当时的一位记者认为莫奈的这幅画很粗糙，过于随便，完全就是凭印象胡乱画出来的，其他的学院派画家也附和说这类画家都是"印象主义"画家，莫奈的这幅代表作以及印象画派由此得名。[①]

训练提示

描述准确、结构明确、脉络清晰是即兴口语表达的基本要求，在描述前，先对图片进行分析：顺序上是从左至右，还是从中间到两边？描绘的是人物、事件还是风景？作者是高兴的还是悲伤的？这些都需要我们分析判断。即兴口语表达也叫无稿播音，但不应真的"即兴"，不能想到哪说到哪，还是要打好腹稿，不要进行无准备的表达。

---

① 赏析：莫奈《日出·印象》[EB/OL]．（2008-06-20）[2017-05-18]．http://blog.sina.com.cn/s/blog_5509465601009tvq.html.略有删改.

二、朗诵训练——《大学》

训练内容

物格而后知至，知至而后意诚，意诚而后心正，心正而后身修，身修而后家齐，家齐而后国治，国治而后天下平。自天子以至于庶人，一是皆以修身为本。其本乱而末治者，否矣。其所厚者薄，而其所薄者厚，未之有也。此谓知本，此谓知之至也。所谓诚其意者，毋自欺也。如恶恶臭，如好好色，此之谓自谦。故君子必慎其独也。

训练提示

播音主持的语言不同于日常交流的语言，它具有规范性、庄重性、鼓动性和时代感、分寸感、亲切感。节目语言一般无法反复播放，这就要求播音员、主持人的语言准确清晰、真实可信；与此同时，要具有一定的感染力和时代精神，表达要准确恰当；最后，要做到在表达的过程中言之有物、心中有人。

【注释】庶人：指平民百姓。　一是：都是。　本：根本。　末：相对于本而言，指枝末、枝节。　厚者薄：该重视的不重视。　薄者厚：不该重视的却加以重视。　未之有也：即未有之也，没有这样的道理、事情、做法等。　诚其意：指想法真诚。　毋：不要。　恶（wù）恶（è）臭：指的是讨厌恶臭的气味。　好

（hào）好（hǎo）色：喜爱容貌出众的女子。　谦：心满意足的样子。　慎其独：在独处时要慎重。

三、播音主持样式训练

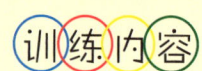

珍珠鸟

冯骥才

真好！朋友送我一对珍珠鸟。放在一个简易的竹条编成的笼子里，笼内还有一卷干草，那是小鸟舒适又温暖的巢。

有人说，这是一种怕人的鸟。我把它挂在窗前，那儿还有一盆异常茂盛的法国吊兰。我便用吊兰长长的、串生着小绿叶的垂蔓蒙盖在鸟笼上，它们就像躲进深幽的丛林一样安全；从中传出的笛儿般又细又亮的叫声，也就格外轻松自在了。

阳光从窗外射入，透过这里，吊兰那些无数指甲状的小叶，一半成了黑影，一半被照透，如同碧玉；斑斑驳驳，生意葱茏。小鸟的影子就在这中间隐约闪动，看不完整，有时连笼子也看不出，却见它们可爱的鲜红小嘴从绿叶中伸出来。

我很少扒开叶蔓瞧它们，它们便渐渐敢伸出小脑袋瞅瞅我。我们就这样一点点熟悉了。

三个月后，那一团愈发繁茂的绿蔓里边，发出一种尖细又娇嫩的鸣叫。我猜到，是它们有了雏儿。我呢？绝不掀开叶片往里看，连添食加水时也不睁大好奇的眼去惊动它们。过不多久，忽然有一个小脑袋从叶间探出来。更小哟，雏儿！正是这个小家伙！

它小，就能轻易地由疏格的笼子钻出身。瞧，多么像它的母亲：红嘴红脚，灰蓝色的毛，只是后背还没有生出珍珠似的圆圆的白点；它好肥，整个身子好像一个蓬松的球儿。

第九级

第二课

起先，这小家伙只在笼子四周活动，随后就在屋里飞来飞去，一会儿落在柜顶上，一会儿神气十足地站在书架上，啄着书背上那些大文豪的名字；一会儿把灯绳撞得来回摇动，跟着跳到画框上去了。只要大鸟在笼里生气地叫一声，它立即飞回笼里去。

我不管它。这样久了，打开窗子，它最多只在窗框上站一会儿，绝不飞出去。渐渐它胆子大了，就落在我书桌上。它先是离我较远，见我不去伤害它，便一点点挨近，然后蹦到我的杯子上，俯下头来喝茶，再偏过脸瞧瞧我的反应。我只是微微一笑，依旧写东西，它就放开胆子跑到稿纸上，绕着我的笔尖蹦来蹦去；跳动的小红爪子在纸上发出嚓嚓响。

我不动声色地写，默默享受着这小家伙亲近的情意。这样，它完全放心了。索性用那涂了蜡似的、角质的小红嘴，"嗒嗒"啄着我颤动的笔尖。我用手抚一抚它细腻的绒毛，它也不怕，反而友好地啄两下我的手指。

有一次，它居然跳进我的空茶杯里，隔着透明光亮的玻璃瞅我。它不怕我突然把杯口捂住。是的，我不会。

白天，它这样淘气地陪伴我；天色入暮，它就在父母的再三呼唤声中，飞向笼子，扭动滚圆的身子，挤开那些绿叶钻进去。

有一天，我伏案写作时，它居然落到我的肩上。我手中的笔不觉停了，生怕惊跑它。待一会儿，扭头看，这小家伙竟趴在我的肩头睡着了，银灰色的眼睑盖住眸子，小红脚刚好给胸脯上长长的绒毛盖住。我轻轻抬一抬肩，它没醒，睡得好熟！还呷呷嘴，难道在做梦？

我笔尖一动，流泻下一时的感受：

信赖，往往创造出美好的境界。

训练提示

本文主要描述了作者和小鸟的真挚友情，"信任"是文章的内核。体会这份情感，在轻松愉快的语境下，描述珍珠鸟的形象，讲述它们与作者之间的故事。

播读、朗诵文章的最终目的是向受众传达文章内容、传递作者的思想感情，这要求我们在进行表达前先熟悉文章内容、读懂文章故事、确定作品基调、理解作者感情，不可望文生义，要找到与人交流的感觉，做到准确、充分地表达。

第 三 课

一、油画解读训练

贩卖孩子的商人

　　作者约瑟夫·玛丽·维安是法国18世纪到19世纪初的新古典主义画家。维安的创作遵循古典主义原则，在题材上选择古代题材，背景以古代希腊和罗马建筑为主，人物多

为希腊装束，以营造出古典意境。值得一提的是，维安在现实题材的描绘中也会隐含古代意趣，其作品中的人物姿态、动作模仿古典雕塑造型，体现出呆板、冷漠以及理性的特点。这些特征在其作品《贩卖孩子的商人》中表现得淋漓尽致。

《贩卖孩子的商人》选择了人神合一的题材，体现了维安典型的新古典主义个性。画中人物的造型十分严谨，神态肃穆而冷静。画作右侧坐在座位上的女主人被刻画得高贵而拘谨，而跪在地上的女商人则从提篮里抓出一个小天使给女主人看，从而构成了一个十分具有戏剧性的画面。如果我们透过古典主义的表象，揣测画家描绘的是不是当时的社会现实的话，那么那个正在被贩卖的长着羽翼的孩子，无疑又给作品增添了一层耐人寻味的深意。①

训练提示

画作除了表面上展示出的人物动作、神态外，还蕴含着情节、感情和道理。语言也是如此，不能为了说而说，要有明确的表达目的和对象。请尝试在描述图片中的环境、人物、动作等基础信息以外，丰富画作故事情节，将画家的态度和思想展开描述。

---

① 组图：盘点世界名画中的优雅女性(17) [EB/OL]．(2012-05-28) [2017-05-18]．http://art.people.com.cn/GB/205643/206743/18006965.html. 略有删改.

二、朗诵训练——《大学》

训练内容

小人闲居为不善，无所不至，见君子而后厌然，掩其不善，而著其善。人之视己，如见其肺肝然，则何益矣？此谓诚于中，形于外，故君子必慎其独也。曾子曰："十目所视，十手所指，其严乎！"富润屋，德润身，心广体胖，故君子必诚其意。《诗》云："瞻彼淇澳，菉竹猗猗。有斐君子，如切如磋，如琢如磨。瑟兮僩兮，赫兮喧兮。有斐君子，终不可谖兮。"

训练提示

朗读首先是说话，说话就要有对象、逻辑和话语目的。深入体会文意，理解作者思想，在此基础上将文字转化为语言，进行属于自己的二度创作。请试着找到与人交流、谈心的感觉。

【注释】闲居：单独在家中，独处。　厌然：遮遮掩掩、躲避之意。　掩：隐藏之意。　著：彰显出来。　益：益处，好处。　中：内心。　外：指外表。　严：严峻，令人敬畏。　润屋：装饰住所。　润身：陶冶身心。　心广体胖（pán）：心胸宽广，身体舒适。　胖：舒适之意。　《诗》：此指《诗经·卫风·淇澳》。

淇：古代的水名，在今河南北部。　澳（yù）：水曲之处。菉（lù）：通"绿"。　猗（yī）：美丽茂盛。　斐：文雅。　切、磋：对骨角进行切割、磋光。　琢、磨：雕琢、打磨玉石，这里用来比喻研究学问、陶冶身心。　瑟：庄严。　僩（xiàn）：威严。赫兮喧兮：显赫的样子。　谖：忘却之意。

三、播音主持样式训练

听听那冷雨（节选）

余光中

惊蛰一过，春寒加剧。先是料料峭峭，继而雨季开始，时而淋淋漓漓，时而淅淅沥沥，天潮潮地湿湿，即连在梦里，也似乎把伞撑着。而就凭一把伞，躲过一阵潇潇的冷雨，也躲不过整个雨季。连思想也都是潮润润的。每天回家，曲折穿过金门街到厦门街迷宫式的长巷短巷，雨里风里，走入霏霏令人更想入非非。想这样子的台北凄凄切切完全是黑白片的味道，想整个中国整部中国的历史无非是一张黑白片子，片头到片尾，一直是这样下着雨的。

……

杏花。春雨。江南。六个方块字，或许那片土就在那里面。而无论赤县也好神州也好中国也好，变来变去，只要仓颉的灵感不灭，美丽的中文不老，那形象，那磁石一般的向心力当必然长在。因为一个方块字是一个天地。太初有字，于是汉族的心灵、祖先的回忆和希望便有了寄托。譬如凭空写一个"雨"字，点点滴滴，滂滂沱沱，淅淅沥沥，一切云情雨意，就宛然其中了。

……

听听，那冷雨。看看，那冷雨。嗅嗅闻闻，那冷雨。舔舔吧，那冷雨。雨下在他的伞上这城市百万人的伞上雨衣上屋上天线上，雨下在基隆港在防波堤（在）海峡（中）的船上，清明这季雨。雨是女性，应该最富于感性。雨气空蒙而迷幻，细细嗅嗅，清清爽爽新新，有一点薄荷的香味，浓的时候，竟发出草和树林沐浴之后特有的腥气，也许那尽是蚯蚓和蜗牛的腥气吧，毕竟是惊蛰了啊。也许地上的地下的生命也许古中国层层叠叠的记忆皆蠢蠢而蠕，也许是植物的潜意识和梦吧，那腥气。

……

雨不但可嗅，可亲，更可以听。听听那冷雨。听雨，只要不是石破天惊的台风暴雨，在听觉上总是一种美感。大陆上的秋天，无论是疏雨滴梧桐，或是骤雨打荷叶，听上去总有一点凄凉，凄清，凄楚，于今在岛上回味，则在凄楚之外，再笼上一层凄迷了，饶你多少豪情侠气，怕也经不起三番五次的风吹雨打。一打少年听雨，红烛昏沉。再打中年听雨，客舟中江阔云低。三打白头听雨的僧庐下，这便是亡宋之痛，一颗敏感心灵的一生：楼上，江上，庙里，用冷冷的雨珠子串成。

……

雨天的屋瓦，浮漾湿湿的流光，灰而温柔，迎光则微明，背光则幽暗，对于视觉，是一种低沉的安慰。至于雨敲在鳞鳞千瓣的瓦上，由远而近，轻轻重重轻轻，夹着一股股的细流沿瓦槽与屋檐潺潺泻下，各种敲击音与滑音密织成网，谁的千指百指在按摩耳轮。"下雨了"，温柔的灰美人来了，她冰冰的纤手在屋顶拂弄着无数的黑键啊灰键，把晌午一下子奏成了黄昏。

训练提示

作者借着对"雨"的描述，将自己的爱与愁都寄托其中，抒发了浓浓的思乡之情；作者对雨的描写既生动又深刻，他从听、看、触、尝等多角度去感受雨、描写雨。作者行文十分细腻，无论是写景还是抒情都十分真实，让人感同身受。联系自己军训或其他离家出行经历，体会想家的感受，推己及人，以"小家"度"大家"，尝试理解作者的家国情怀。在处理稿件时要重视每一个细节，不可一带而过。

第四课

一、油画解读训练

 训练内容

自由引导人民

《自由引导人民》是法国画家欧仁·德拉克洛瓦在1830年为了纪念法国"七月革命"而创作的油画,是德拉克洛瓦最具有浪漫主义色彩的油画作品之一。《自由引导人民》取

材于1830年7月27日巴黎市民推翻波旁王朝的起义，这场起义史称"光荣的三天"。

1815年在拿破仑下台后，一直流亡国外的路易十八重返法国，再度成为国王，波旁王朝就此复辟，法国民主发展进程蒙上阴影。1830年7月26日，继任国王查理十世宣布解散议会，想要更大限度地剥夺人民的选举权和出版自由。

巴黎市民闻讯纷纷起义，为推翻波旁王朝，在1830年7月27至29日与保皇党展开了战斗，并占领了王宫。在这次战斗中，一位名叫克拉拉·莱辛的姑娘首先在街垒上举起了象征法兰西共和制的三色旗；少年阿莱尔把这面旗帜插到巴黎圣母院旁的一座桥头时，中弹倒下。画家德拉克洛瓦目击了这悲壮激烈的景象，他义愤填膺，决心为之画一幅画作为永久的纪念。①

训练提示

每一幅画作都是那个时代的一个缩影，是立体的而不是平面的，是运动的而不是静止的，是有思想的而不是无目的的。了解画作创作的背景，试着在描述的基础上身临其境地解读画家的创作意图。

---

① 百度百科"自由引导人民"词条[EB/OL].（2015-08-10）[2017-08-13].https://baike.baidu.com/history/%E8%87%AA%E7%94%B1%E5%BC%95%E5%AF%BC%E4%BA%BA%E6%B0%91/83503736.略有删改.

二、朗诵训练——《大学》

训练内容

"如切如磋"者,道学也。"如琢如磨"者,自修也。"瑟兮僩兮"者,恂栗也。"赫兮喧兮"者,威仪也。"有斐君子,终不可諠兮"者,道盛德至善,民之不能忘也。《诗》云:"於戏,前王不忘!"君子贤其贤而亲其亲,小人乐其乐而利其利,此以没世不忘也。《康诰》曰:"克明德。"《大甲》曰:"顾諟天之明命。"《帝典》曰:"克明峻德。"皆自明也。

训练提示

这段内容展开介绍了《大学》对"君子"在治学、品德、修养、威严等方面的要求。要理解文章说理的逻辑,不要见字发声,应把道理讲出来而不是念出来。

【注释】道:说、谈论。 恂(xún)栗:惊恐、畏惧之意。《诗》:此指《诗经·周颂·烈文》。 於戏(wū hū):感叹词。 前王:指的是周文王和周武王。 贤其贤:尊重有贤德的人。 亲其亲:亲近亲人。 乐其乐:安享他的快乐。 此以:所以。 没世:过世之意。没,通"殁"。 《康诰》:《尚书·

周书》中的一篇。作为五经之一的《尚书》是记录古代历史事件和人物的著作，全书分为《虞书》《夏书》《商书》《周书》四大部分。 克：能够。 《大甲》：即《太甲》，是《尚书·商书》中的一篇。 顾：顾念之意。 諟（shì）：此。 明命：坦荡正义的禀性。 《帝典》：即《尧典》，是《尚书·虞书》中的一篇。 克明峻德：《尧典》原句为"克明俊德"。俊，通"峻"，是崇高之意。 自明：自己去发扬美好的德行。

三、播音主持样式训练

白杨礼赞（节选）

茅 盾

那是力争上游的一种树，笔直的干，笔直的枝。它的干通常是丈把高，像加以人工似的，一丈以内绝无旁枝。它所有的丫枝一律向上，而且紧紧靠拢，也像加以人工似的，成为一束，绝不旁逸斜出。它的宽大的叶子也是片片向上，几乎没有斜生的，更不用说倒垂了。它的皮光滑而有银色的晕圈，微微泛出淡青色。这是虽在北方风雪的压迫下却保持着倔强挺立的一种树。哪怕只有碗那样粗细，它却努力向上发展，高到丈许，两丈，参天耸立，不折不挠，对抗着西北风。

这就是白杨树，西北极普通的一种树，然而绝不是平凡的树。

　　它没有婆娑的姿态，没有屈曲盘旋的虬枝。也许你要说它不美。如果美是专指"婆娑"或"旁逸斜出"之类而言，那么，白杨树算不得树中的好女子。但是它伟岸、正直、朴质、严肃，也不缺乏温和，更不用提它的坚强不屈与挺拔，它是树中的伟丈夫。当你在积雪初融的高原上走过，看见平坦的大地上傲然挺立这么一株或一排白杨树，难道你就只觉得它只是树？难道你就不想到它的朴质、严肃、坚强不屈，至少也象征了北方的农民？难道你竟一点也不联想到，在敌后的广大土地上，到处有坚强不屈，就像这白杨树一样傲然挺立的守卫他们家乡的哨兵？难道你又不更远一点想到，这样枝枝叶叶靠紧团结、力求上进的白杨树，宛然象征了今天在华北平原纵横决荡，用血写出新中国历史的那种精神和意志？

　　白杨树是不平凡的树，它在西北极普遍，不被人重视，就跟北方的农民相似；它有极强的生命力，磨折不了，压迫不倒，也跟北方的农民相似。我赞美白杨树，就因为它不但象征了北方的农民，尤其象征了今天我们民族解放斗争中所不可缺的朴质、坚强、力求上进的精神。

　　让那些看不起民众、贱视民众、顽固的倒退的人们去赞美那贵族化的楠木（那也是直挺秀颀的），去鄙视这极常见、极易生长的白杨树吧，我要高声赞美白杨树！

训练提示

《白杨礼赞》是大家非常熟悉的一篇散文,作者通过赞美白杨树"坚强挺拔、不折不挠"的英姿与个性,歌颂了在中国共产党领导下坚持抗战的北方农民所具有的坚强质朴、力求上进的可贵精神,与此同时也批判了"贱视民众、顽固的倒退的人们"。作者借物喻人,写物也写人,请体会作者的思想感情。

表达时,用声应平和自然、明朗大方,多用实声;应气息稳健饱满,吐字有力。

第 五 课

一、漫画解读评论训练

训练内容

朋友，好久不见

作者：刘畅

不爱打电话，却倾向于使用微信、QQ等用文字交流的软件；语音聊天时胆小腼腆，会陷入失语的无限尴尬中，但用纯文字聊天时却可以聊得火热……以上状况被网友定义为"语音恐惧症"。近日，"语音恐惧症"这个话题一下子戳中了不少网友的痛处。许多网友直呼："已中枪，浑身都是窟窿眼。"①

训练提示

漫画，是一种艺术形式，是用简单而夸张的手法来描绘生活或时事的图画；一般运用变形、比拟、象征、暗示、影射的方法来构成幽默诙谐的画面或画面组，以取得讽刺或歌颂的效果。

在日常生活中，我们经常会看到反映社会现实、歌颂真善美或针砭时弊的新闻漫画。尝试在简单、幽默的漫画笔触中看懂图画、理解深意，在描述的同时做适当评论。

二、朗诵训练——《大学》

训练内容

> 汤之《盘铭》曰："苟日新，日日新，又日新。"《康诰》曰："作新民。"《诗》曰："周虽旧邦，其命

---

① 漫画新闻（图）［EB/OL］.（2014-07-24）［2017-05-18］. http://roll.sohu.com/20140724/n402643616.shtml.

维新。"是故君子无所不用其极。《诗》曰："邦畿千里，惟民所止。"《诗》云："缗蛮黄鸟，止于丘隅。"子曰："于止，知其所止，可以人而不如鸟乎？"《诗》云："穆穆文王，於缉熙敬止！"为人君，止于仁；为人臣，止于敬；为人子，止于孝；为人父，止于慈；与国人交，止于信。子曰："听讼，吾犹人也。必也使无讼乎！"无情者不得尽其辞，大畏民志。此谓知本。

训练提示

理解这一部分对于美德的进一步阐述，理清说理逻辑，着重分析文章对"新"的解释以及对"为人君、为人臣、为人子、为人父、与国人交"的不同要求。尝试带着自己的理解，表达文意。

【注释】汤：历史上的商汤。　盘铭：刻在金属器皿中的警示语言或箴言。这里的金属器皿指的是商汤的洗澡盆。　苟：假如。　新：本义指洗澡时除去身上污浊的东西，清洁身体，在这里是指精神层面的弃旧革新。　作：激发。　新民：使民新的意思，指弃旧从新、弃恶从善。　《诗》：此指《诗经·大雅·文王》。　周：周朝。　旧邦：旧有的国家。　其命：在这里指周朝所秉承的天命。　维：助词，无意义。　是故：因此。　极：完善、极致。　《诗》：此指《诗经·商颂·玄鸟》。　畿（jī）：指都城及其周边地区。　止：停止、栖息，在这里是居住之意。　《诗》：此指

《诗经·小雅·绵蛮》。 绵（mín）蛮：鸟叫声。 隅：角落之意。 止：栖息。 于止：对于所居住的地方。 可以：即何以，为什么。 《诗》：此指《诗经·大雅·文王》。 穆穆：雍容庄重的样子。 於（wū）：感叹词。 缉：接着。 熙：光明、光亮。 止：助词，无意义。 听讼：审理诉讼案件。 犹人：和别人一样。 必：一定。 无情者：有违实情的人。 辞：花言巧语。 民志：指民心。

三、播音主持样式训练

训练内容

四世同堂（节选）

老 舍

祁家的房子坐落在西城护国寺附近的"小羊圈"。说不定，这个地方在当初或者真是个羊圈，因为它不象一般的北平的胡同那样直直的，或略微有一两个弯儿，而是颇象一个葫芦。通到西大街去的是葫芦的嘴和脖子，很细很长，而且很脏。葫芦的嘴是那么窄小，人们若不留心细找，或向邮差打听，便很容易忽略过去。进了葫芦脖子，看见了墙根堆着的垃圾，你才敢放胆往里面走，象哥仑布看到海上有漂浮着的东西才敢更向前进那样。走了几十步，忽然眼一明，你看见了葫芦的胸：一个东西有四十步，南北有三十步长的圆圈，中间有两棵大槐树，四围有六七家人家。再往前走，又是一个小巷——葫芦的腰。穿过"腰",又是一块空地,比"胸"大着两三倍,这便是葫芦肚儿了。"胸"和"肚"大概就是羊圈吧?这还待历史家去考查一番,而后才能断定。

祁家的房便是在葫芦胸里。街门朝西,斜对着一棵大槐树。在当初,祁老人选购房子的时候,房子的地位决定了他的去取。他爱这个地方。胡同口是那么狭窄不惹人注意,使他觉到安全;而葫芦胸里有六七家人家,又使他觉到温暖。门外呢,两株大槐下可供孩子们玩耍,既无车马,又有槐豆槐花与槐虫可以当作儿童的玩具。同时,地点虽是陋巷,而西通大街,背后是护国寺——每逢七八两日有庙会——买东西不算不方便。所以,他决定买下那所房。

第九级

第五课

房子的本身可不很高明。第一,它没有格局。院子是东西长而南北短的一个长条,所以南北房不能相对;假若相对起来,院子便被挤成一条缝,而颇象轮船上房舱中间的走道了。南房两间,因此,是紧靠着街门,而北房五间面对着南院墙。两间东房是院子的东尽头;东房北边有块小空地,是厕所。南院墙外是一家老香烛店的晒佛香的场院,有几株柳树。幸而有这几株树,否则祁家的南墙外便什么也没有,倒好象是火车站上的房子,出了门便是野地了。第二,房子盖得不甚结实。除了北房的木料还说得过去,其余的简直没有值得夸赞的地方。在祁老人手里,南房的山墙与东房的后墙便塌倒过两次以上,而界墙的——都是碎砖头砌的——坍倒是每年雨季所必不能免的。

训练提示

《四世同堂》是中国作家老舍创作的一部百万字的小说。这是一部表现抗战时期北平沦陷后普通民众生活与抗战的长篇小说，全书共三部。该书以北平小羊圈胡同为背景，刻画了当时社会各阶层中众多普通人的形象。在书中，反抗与顺从的选择、国家与个人的选择等艰难的选择交织在一起，深刻地展现了普通人在大时代历史进程中所走过的艰难曲折的道路。

建议使用有感情的演播式朗读；文章中多方位词，可通过语式变化表达方位的不同；文章中多描述性语句，为避免过于平淡，可用语流突出方位变化；注意基调统一且有变化。

第六课

一、漫画解读评论训练

拔

作者：赵国明[①]

漫画往往勾勒得很简单，所以我们不能只描述表面的信息，更要理解漫画想要揭示的社会问题、体会作者的态度、表达出自己

[①] 拔[EB/OL].（2017-07-06）[2017-08-05]. http://cartoon.chinadaily.com.cn/cartoonview.shtml?id=253237.

的想法。理解图片中钉子与榔头分别代表着什么，以及它们之间的关系。"拔钉子"的实质是什么？请试着说明。

二、朗诵训练——《大学》

所谓修身在正其心者，身有所忿懥，则不得其正；有所恐惧，则不得其正；有所好乐，则不得其正；有所忧患，则不得其正。心不在焉，视而不见，听而不闻，食而不知其味。此谓修身在正其心。所谓齐其家在修其身者，人之其所亲爱而辟焉，之其所贱恶而辟焉，之其所畏敬而辟焉，之其所哀矜而辟焉，之其所敖惰而辟焉。

理解文意，体会端正心态、修养品德和整顿家族的顺序与关系。

【注释】修身：指的是修养良好的品德。 忿懥（zhì）：愤怒之意。 好乐：喜好，偏好。 之："对于"之意。 辟：偏见、偏向之意。 恶：厌恶。 畏：害怕。 哀矜：同情、怜悯之意。 敖惰："敖"指骄傲，傲慢；"惰"指懈怠。

三、播音主持样式训练

沈园的故事

夏雨清

一个宋朝的园林，能够一代代传下来，到今天还依然有名，也许只有绍兴的沈园了。沈园的出名却是由一曲爱情悲剧引起的。诗人陆游和表妹唐琬在园壁上题写的两阕《钗头凤》是其中的热点。

陆游也许是宋朝最好的一个诗人，但肯定不是一个值得唐琬为他而死的人。

表妹唐琬是在一个秋天忧郁而逝的，临终前，她还在念着表哥那阕被后人传唱的《钗头凤》。自从这个春天，和陆游在沈园不期而遇后，病榻之上的唐琬就在低吟这阕伤感的宋词。

一枝梅花落在了诗人的眼里，这是南宋的春天，年迈的陆游再次踏进了沈园。在斑驳的园壁前，诗人看到了自己四十八年前题写的一阕旧词：红酥手，黄藤酒，满城春色宫墙柳。东风恶，欢情薄，一怀愁绪，几年离索。错，错，错。春如旧，人空瘦，泪痕红浥鲛绡透。桃花落，闲池阁。山盟虽在，锦书难托。莫，莫，莫！

唐琬在临终的日子里，一遍遍回想自己和表哥那段幸福的岁月。陆游二十岁时初娶表妹唐琬，两人诗书唱和，绣花扑蝶，就像旧小说中才子佳人的典型故事。

可惜这样的日子太短了，唐琬只记得有一天，婆婆对她说，他们两个太相爱了，这会荒废儿子的学业，妨碍功名的。

唐琬至死都没有想通，相爱也会是一种罪名。不过她更没想通的是，那个据说在大风雨之夜出生在淮河一条船上的诗人，后来又横戈跃马抗击金兵的表哥，竟然违不了父母之命，在一纸休书上签下了羞答答的大名。

陆游四十八年后重游沈园，发现了园壁间一阕褪色的旧词，也叫《钗头凤》，这是唐琬的词迹：世情薄，人情恶，雨送黄昏花易落。晓风干，泪痕残。欲笺心事，独语斜阑。难，难，难。人成各，今非昨，病魂常似秋千索。角声寒，夜阑珊。怕人寻问，咽泪装欢。瞒，瞒，瞒！

在南宋的春天，一枝梅花斜在了诗人的眼里，隔着梅花，陆游没能握住风中的一双红酥手。

训练提示

体会作者的思想感情，在表达的过程中要注意语气的变化，切忌从头到尾都在凄凉的基调中进行表达，要根据不同的描写及情感调整节奏和基调。

请同学们跟随作者的脚步，以沈园为线索，体味《钗头凤》背后陆游与唐琬那令人扼腕的爱情故事。在情感处理上要做到设身处地，不要虚情假意、一悲到底。

第九级

第六课

第七课

一、漫画解读评论训练

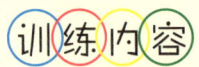

叔叔是色盲

作者：孙健[1]

找到不同观点间的冲突，进行差别对比，体会作者用意。以自己的视角，结合画作本身，做夹叙夹议的讲述。

---

[1] 叔叔是色盲［EB/OL］.（2017-07-10）［2017-08-05］. http://cartoon.chinadaily.com.cn/cartoonview.shtml?id=253344.

理想与现实往往有差距，有人选择掩耳盗铃，有人选择踏实改变，而这与年龄并无关系。体会画中小孩子与画家的人物关系、观点冲突，以及画作和窗外实景的差距，提出自己的看法。

二、朗诵训练——《大学》

训练内容

> 故好而知其恶，恶而知其美者，天下鲜矣。故谚有之曰："人莫知其子之恶，莫知其苗之硕。"此谓身不修，不可以齐其家。所谓治国必先齐其家者，其家不可教而能教人者，无之，故君子不出家而成教于国。孝者，所以事君也；弟者，所以事长也；慈者，所以使众也。《康诰》曰："如保赤子。"心诚求之，虽不中，不远矣。未有学养子而后嫁者也。

训练提示

体会在教育和修养上家与国之间的关系，并尝试在表达的同时将文章层层递进的逻辑关系清晰地体现出来。

【注释】好：喜欢。　硕：大。　不出家而成教于国：不出家门就能把教化推行到全国。　弟：通"悌"，指弟弟对哥哥尊重服从。　慈：长辈关爱晚辈。　如保赤子：出自《尚书·周书·康谇》，"如"与"若"同，好像；指的是作为国君，保护老百姓就要像保护刚出生的婴儿一样。 中：指的是达到预期的目标。

三、播音主持样式训练

匆 匆

朱自清

燕子去了，有再来的时候；杨柳枯了，有再青的时候；桃花谢了，有再开的时候。但是，聪明的，你告诉我，我们的日子为什么一去不复返呢？——是有人偷了他们罢：那是谁？又藏在何处呢？是他们自己逃走了罢：如今又到了哪里呢？

我不知道他们给了我多少日子，但我的手确乎是渐渐空虚了。在默默里算着，八千多日子已经从我手中溜去，像针尖上一滴水滴在大海里，我的日子滴在时间的流里，没有声音，也没有影子。我不禁头涔涔而泪潸潸了。

去的尽管去了，来的尽管来着；去来的中间，又怎样地匆匆呢？早上我起来的时候，小屋里射进两三方斜斜的太阳。太阳他有脚啊，轻轻悄悄地挪移了，我也茫茫然跟着旋转。于是——洗手的时候，日子从水盆里过去；吃饭的时候，日子从饭碗里过去；默默时，便从凝然的双眼前过去。我觉察他去得匆匆了,伸出手遮挽时,他又从遮挽着的手边过去。天黑时,我躺在床上,他便伶伶俐俐地从我身上跨过,从我脚边飞去了。等我睁开眼和太阳再见,这算又溜走了一日。我掩着面叹息。但是新来的日子的影儿又开始在叹息里闪过了。

在逃去如飞的日子里,在千门万户的世界里的我能做些什么呢?只有徘徊罢了,只有匆匆罢了;在八千多日的匆匆里,除徘徊外,又剩些什么呢?过去的日子如轻烟,被微风吹散了,如薄雾,被初阳蒸融了;我留着些什么痕迹呢?我何曾留着像游丝样的痕迹呢?我赤裸裸来到这世界,转眼间也将赤裸裸地回去罢?但不能平的,为什么偏要白白走这一遭啊?

聪明的,你告诉我,我们的日子为什么一去不复返呢?

第九级　第七课

训练提示

《匆匆》是朱自清在五四运动落潮期创作的,当时的青年们不屈不挠,但大环境中阻力重重,现实令人叹息。作者彷徨但不甘沉沦,表达了对美好未来的憧憬与向往。表达时要注意重音的选择,体会重音体现出的递进与对比关系。朗读文章时要找到谈话的感觉。

第八课

一、漫画解读评论训练

门　槛

作者：张吉亮[①]

据学生家长透露，广州市开发区第一幼儿园在招生时，

[①] 门槛［EB/OL］.（2012-09-27）［2017-08-05］. http://cartoon.chinadaily. com.cn/cartoonview.shtml?cid=16&id=196535&myth=1&page=220.

将生源划分成"三六九等",该园在优先招收政府机关单位、港澳籍及外籍人员、开发区驻区单位在编人员等六个级别的人员子女后,最后才轮到个体经营户、购房户等居民的子女,而且还是"视情况"招收。①

训练提示

新闻漫画往往是针对某一具体的社会现象创作的。本阶段同学们要在有现场讲述感、对象感的基础上更深入地挖掘图片信息,找到议论点,结合漫画内容提出自己的看法。

二、朗诵训练——《大学》

训练内容

> 一家仁,一国兴仁;一家让,一国兴让;一人贪戾,一国作乱,其机如此。此谓一言偾事,一人定国。尧、舜率天下以仁,而民从之。桀、纣率天下以暴,而民从之。其所令反其所好,而民不从。是故君子有诸己而后求诸人,无诸己而后非诸人。所藏乎身不恕,而能喻诸人者,未之有也。故治国在齐其家。

---

① 广州一幼儿园招生分七等〔EB/OL〕.(2012-09-27)〔2017-06-30〕. http://epaper.xkb.com.cn.

训练提示

进一步体会文章中"齐家"与"治国"的关系以及"齐家"的重要性。注意排比句的处理。

【注释】让：谦让，礼让。　贪戾：贪婪暴戾。　机：古代弓箭上的机关，这里指的是关键。　偾（fèn）：败坏之意。　尧、舜：古代仁君的代表。　率：带领、领导。　桀、纣："桀"指夏代的最后一位君主，残暴至极；"纣"指商代的最后一位君主。两人与尧、舜相对，是古代暴君的代表。　诸："之于"的合音词，指具有这些善德。　非：指责。　恕：恕道之意。孔子曾说："己所不欲，勿施于人。"就是指自己不想做的，也不要让别人去做。这种推己及人的品德就是儒家所提倡的恕道。　喻：知晓、明白。

三、播音主持样式训练

训练内容

再寄小读者·通讯二（节选）

冰　心

交友是一种艺术。

热情，活泼，而富于同情心的人，常常能吸引许多朋友，而磁石只吸引着钢铁，月亮只吸引着海潮。

你能择友，则你的朋友将加倍地宝贵你的友情。

不要只想你能从朋友那里得到什么，也要想你的朋友能从你这里得到什么。

肯耕种的才有收获,能贡献的才配接受。

友谊是宁神药,是兴奋剂。

使你堕落,消沉的,不是你的好朋友。同时也要警惕,你是否在使你的朋友奋兴,向上?

友谊是大海中的灯塔,沙漠里的绿洲。

当你的心帆飘流于"理""欲"的三叉江口,波涛汹涌,礁石嶙峋,你要寻望你朋友的一点隐射的灵光,来照临,来指引。当你颠顿在人生枯燥炎热的旅途上,你的辛劳,你的担负,得不到一些酬报和支持的时候,你要奔憩在你朋友的亭亭绿荫之下,就饮于荡涤烦秽的甘泉。

古人有句说:"最难风雨故人来",——不但气候上有风雨,心灵上也有风雨!

你的心灵曾否走失于空山荒野之中,风吹雨打,四顾茫茫,忽然有你的朋友,开启了"同情"的柴扉,延请你进入他"爱"的茅庐,卸去你劳苦的蓑衣,拭去你脸上的泪雨,而把你推坐在"友情"的温暖炉火之前。

同时你也常常开着同情的心门,生起友爱的炉火,在屋前瞭望。

友谊中只有快乐,只有慰安,只有奋兴,只有连结。

友谊中虽然也有痛苦,古人的诗文中,不少伤逝惜别之句,然而友谊是不死的,友谊是不因离别而断隔的。"海内存知己,天涯若比邻""得一知己,可以无恨",这痛苦里是没有"寂寞"的,因为我们已经享有了那些朋友的友情!

"寂寞"——心灵上的孤独，才是世界上最可怕的东西！

小朋友，在人生路上，我们虽然是孤身启程，而沿途却逐渐加入了许多同行的好伴，形成了一个整齐的队伍，并肩携手，载欣载奔，使我们克服了世路的险峻崎岖，忘却了长行的疲乏劳顿，我们要如何感谢人世间有这一种关系，这一段因缘？

愿你们永远是我的好朋友，假如我配，就请你们也让我做你们的好朋友。

训练提示

冰心的文章十分凝练、感情真挚，并善于将文学作品与口语化表达相结合，取两家所长，有着独特的风格。训练时要有灵动的感觉，切忌一板一眼地念。

处理稿件时不要太严肃，可想象与朋友促膝长谈或茶话会上的情景，注意对象感和交流感。

第九课

一、海报描述解读训练

《参军入伍》征兵海报

右图为2015年教育部高校学生司、国防部征兵办公室、全国高等学校学生信息咨询与就业指导中心、全国征兵网联合发布的征兵海报。

训练提示

海报是极为常见的一种招贴形式，其语言简明扼要，形式新颖美观。我们在描述时不能仅介绍海报中的内容，要从宣传者的角度出发，思考宣传目的。以现场介绍、推荐的形式完成本部分内容。

二、朗诵训练——《大学》

训练内容

> 《诗》云："桃之夭夭，其叶蓁蓁。之子于归，宜其家人。"宜其家人，而后可以教国人。《诗》云："宜兄宜弟。"宜兄宜弟，而后可以教国人。《诗》云："其仪不忒，正是四国。"其为父子兄弟足法，而后民法之也。此谓治国在齐其家。所谓平天下在治其国者，上老老而民兴孝，上长长而民兴弟，上恤孤而民不倍，是以君子有絜矩之道也。

训练提示

理解本段前半部分中"齐家"对"治国"自下而上的作用及二者的关系，理解后半部分中"居高位者"自上至下的表率作用。要做到逻辑清晰。

【注释】《诗》：此指《诗经·周南·桃夭》。 夭夭：鲜美的样子。 蓁蓁（zhēn）：浓密茂盛的样子。 之子于归：女子出嫁。 宜：适宜，和睦。 《诗》：此指《诗经·小雅·蓼萧》。 宜兄宜弟：是尊敬兄长、爱护兄弟之意。 《诗》：此指《诗经·曹风·鸤鸠》。 仪：仪容。 忒：(tè)：差错。 正：匡正，教正。 四国：四方各国。 法：效法。 老老：第一个"老"是动词，指的是把老人当作老人看待；老老，尊敬老人之意。 长长：敬重长辈之意。 恤：体恤怜爱之意。 孤：指的是幼年丧父的人。 倍：通"背"，背离、背叛之意。 絜矩之道：儒家的伦理思想，指一言一行要有模范作用。絜（xié）：度量之意。 矩：画矩形所用的尺子，取规则、法度之意。

三、播音主持样式训练

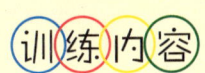

天安门广场解说词

天安门广场呈长方形，南北长880米，东西宽500米，总面积44万平方米。如果人们肩并肩地站在广场上，整个广场可容纳100万人，就是说全北京总人口的1/21可以同时站在这里，够大的吧！

在明清时期广场可没有这么大，当时它呈"T"字形，"T"字的那一横就是我们今天的长安街，那一竖就是从现在的国旗杆前至毛主席纪念堂前的这一长条形区域，在这一区域的两侧按文东武西的格局分布着当时的政府机关。中华人民共和国成立后，原来广场两侧的建筑被拆除，从而形成了今天广场的基本格局。

在天安门广场的四周，有很多著名的建筑，现在我为大家以顺时针方向做一个简单介绍，就让我们从广场西侧的人民大会堂开始吧！人民大会堂位于天安门广场西侧，是全国人大代表参政、议政、举行重大会议、代表人民当家做主的地方，建成于1959年，最高处46.5米，是现在广场上最高的建筑。整个大会堂由三部分组成，南部为人大常委会办公楼，中部为万人大会堂，北端是国宴大厅，整座建筑自设计到完工只用了10个月，是我国建筑史上的一个奇迹。

广场的北端是大家都很熟悉的天安门城楼，它是中华人民共和国的象征，就是在天安门城楼上，1949年10月1日毛主席向全世界人民庄严宣告："中华人民共和国成立了！中国人民从此站起来了！"

广场的东侧矗立着中国历史博物馆及中国革命博物馆，完工于1959年，那里是收藏并展览中国古代、近代历史文物及革命文物的主要场所。

人民英雄纪念碑的南面是毛主席纪念堂，原来在那里曾有一座门，明代叫大明门，清代叫大清门，民国时又改为中华门，中华人民共和国成立后拆除，1976年毛主席逝世后，在其基址上建起了庄严肃穆的毛主席纪念堂。纪念堂建成于1977年，是为纪念伟大领袖毛主席而建的，现在毛主席的遗体安然地躺在水晶棺中，供人们凭吊、瞻仰、表达深深的敬意。

广场的正中，巍巍耸立着中国第一碑——人民英雄纪念碑，它是为了纪念那些自1840年鸦片战争至1949年中华人民共和国成立这一百多年来为中华民族的独立及自由而抛头颅、洒热血的人民英雄们而建的。整座纪念碑高37.94米，坐落在双层基座之上，碑座四周镶嵌有八幅汉白玉浮雕，反映了中国的百年革命历史。纪念碑的背面是毛主席起草、周总理手书的碑文，正面是毛主席亲笔题写的"人民英雄永垂不朽"八个镏金大字。

天安门广场是中国近代革命的见证者，反帝反封建的"五四"运动、"三一八"惨案、"一二·九"运动都发生在这里。天安门广场也是中华人民共和国诞生的见证者，更是今天人民幸福生活的见证者。现在，它已被全国人民评为"中国第一景"，每天都有来自海内外的朋友们到此参观游览。

训练提示

导游是旅途中的引路人，对景点如数家珍，能在聊天中讲出当地的历史文化、风土人情。这篇稿件是导游带领游客游览天安门广场时使用的讲解词，整体上基调较为轻松，可以用休闲自在的感觉处理。同学们可以尝试找一找带好朋友回家或者带人参观自己学校的感觉。

第十课

一、海报描述解读训练

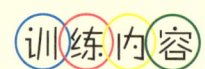

《三个摩登女性》电影海报

在电影《三个摩登女性》中，大学生张榆不满家庭包办婚姻，从家乡东北逃至上海，投身电影界，主演了多部爱情片，成为青年崇拜的大明星，并与南方姑娘虞玉热恋。"九一八"事变后，张榆的影片卖座率一落千丈。他在自己的逃婚对象周淑贞的鼓舞下重整旗鼓，又在此时邂逅了对他痴情的陈若英，但两人的故事以悲剧告终。后张榆在已成长为工人阶级战士的周淑贞的引领下，接触劳动群众，并深受启发。不久，淑贞因参加罢工被公司开除，张榆特意赶来慰问，握住淑贞的手，久久不愿松开。①

训练提示

电影海报是主要的海报形式之一，通常印有最有特色、最具吸引力的剧照和话语。试以一个电影宣传员的身份用这幅海报来宣传这部电影。

二、朗诵训练——《大学》

训练内容

第九级

第十课

> 所恶于上，毋以使下；所恶于下，毋以事上；所恶于前，毋以先后；所恶于后，毋以从前；所恶于右，毋以交于左；所恶于左，毋以交于右；此之谓絜矩之道。《诗》云："乐只君子，民之父母。"民之所好好之，民之所恶恶之，此之谓民之父母。

---

① 三个摩登女性（1933）[EB/OL].[2017-09-11].https:movie.douban，com/subject.1298593.略有删改.

训练提示

文章在这一部分仔细解释了上文提到的"絜矩之道",请理解并有逻辑地说明这一部分内容。

【注释】《诗》:此指《诗经·小雅·南山有台》。 乐:欢快、喜悦之意。 只:助词,无意义。 好(hào):喜好。 恶(wù):厌恶。

三、播音主持样式训练

训练内容

舌尖上的中国——自然的馈赠(节选)

中国拥有众多的人口,也拥有世界上最丰富多元的自然景观——高原、山林、湖泊、海岸线。这种地理和气候的跨度,有助于物种的形成和保存,任何一个国家都没有这样多潜在的食物原材料。人们采集、捡拾、挖掘、捕捞,为的是得到这份自然的馈赠。穿越四季,我们即将看到美味背后人和自然的故事。

云南香格里拉,被雪山环抱的原始森林,雨季里空气阴凉。在松树和栎树自然混交林中,想尽可能地跟上单珍卓玛的脚步,不是一件容易的事情。卓玛和妈妈正在寻找一种精灵般的食物。卓玛在松针下找到的是松茸——一种珍贵的食用菌,这种菌子只有在没有污染的高海拔山地中才能存活。

这支松茸的伞盖已经打开，品质不好。松茸属于野生菌中的贵族，在大城市的餐厅里，一份炭烤松茸价格能达到1 600元。松茸的香味浓烈袭人，稍经炙烤就会被热力逼出一种矿物质的䤈（yàn）香，这令远离自然的人，将此物视若珍宝。吉迪村是香格里拉松茸产地的中心。凌晨3点，这里已经变成一个空村，所有有能力上山的人，都已经出门去寻找那种神奇的菌子。穿过村庄，母女俩要步行走进20公里之外的原始森林。即使对于熟悉森林的村民，捡拾松茸也是一项凭运气的劳动，品质高的松茸都隐藏在土层之下。妈妈找寻着两天前亲手掩藏过的菌坑，沙壤土层中果然又长出了新的松茸，可惜今年雨水不足，松茸太小。

酥油煎松茸，在松茸产地更常见。用黑陶土锅溶化酥油，放上切好的松茸生片，油温使松茸表面的水分迅速消失，香气毕现。高端的食材往往只需要采用最朴素的烹饪方式。以前藏族人都不爱吃松茸，嫌它的味儿怪。原来的松茸也就几毛钱一斤，可是这几年，松茸身价飞升。一个夏天上万元的收入，使牧民在雨季里变得异常辛苦。松茸收购恪守严格的等级制度，48个不同的级别，从第一手的产地就要严格区分。松茸保鲜的极限是三天，商人们以最快的速度对松茸进行精致的加工。这样一支松茸在产地的收购价是80元，6个小时之后，它就会以700元的价格出现在东京的超级市场中。卓玛挤在人群中，上午捡来的松茸品质一般，她心里很着急。刚刚过去的一天，卓玛和妈妈走了11个小时的山路，但是换回的钱很少。错过雨季的这一个月，松茸就会消失得无影无踪。全家人期待明天的好运气。

　　云南只有两个季节——旱季和雨季。从每年的11月开始，干燥而温暖的风浩浩荡荡地吹上半年，等到5月底，雨水才抵达迪庆（藏族自治）州的香格里拉。大雨让原始森林里的各种野生菌都迅速疯长出来，但是杂菌不能引起卓玛和妈妈的兴趣。大雨是自然给的礼物。在相同付出的时候，好的运气带给卓玛更多的收获。松茸出土后，卓玛立刻用地上的松针把菌坑掩盖好，只有这样，菌丝才不会被破坏。为了延续自然的馈赠，村民们遵守着山林的规矩。

训练提示

　　《舌尖上的中国》是一部现象级的美食纪录片，其中蕴含着浓厚的人文关怀。稿件中没有华丽的词藻，我们在播读时也不需要使用复杂的技巧，格调平实正规即可。同学们可以打开节目视频并静音，画面有助于更好地播读。表达时要注意，谈美食但不止于美食，要尝试揭示美食背后的故事、历史。

第十一课

一、海报描述解读训练

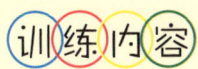

《保护野生动物》公益海报

由于人类的破坏、栖息地的丧失，地球上濒临灭绝的生物的比例正在以惊人的速度增长。在工业社会以前，鸟类平均每300年灭绝一种，兽类平均每8 000年灭绝一种，但是自从工业社会以来，地球上物种灭绝的速度已经超出自然灭绝率的1 000倍。全世界1/8的植物、1/4的哺乳动物、1/9的鸟类、

1/5的爬行动物、1/4的两栖动物、1/3的鱼类，都濒临灭绝。所以，保护动物刻不容缓，全世界都在号召保护动物。动物保护的核心是禁止随意虐待、残害、猎杀和捕食动物。[①]

训练提示

随着经济与文化的高速发展，如今的海报已不止剧作海报一种，不同海报在不同领域有不同的宣传效果，比如公益宣传海报就是其中重要的一种。体会公益宣传海报与商业宣传海报的区别，读图但不止于图，要将海报想表达的思想传达出来。

二、朗诵训练——《大学》

训练内容

《诗》云："节彼南山，维石岩岩。赫赫师尹，民具尔瞻。"有国者不可以不慎，辟则为天下僇矣。《诗》云："殷之未丧师，克配上帝。仪监于殷，峻命不易。"道得众则得国，失众则失国。是故君子先慎乎德。有德此有人，有人此有土，有土此有财，有财此有用。德者本也，财者末也。外本内末，争民施夺。是故财聚则民散，财散则民聚。

---

① 百度百科"保护动物"词条［EB/OL］.［2017-07-15］. https://baike.baidu.com/item/保护动物/8763401? fr = aladdin.

训练提示

尝试理解并说明本章节中的"本"与"末"的意义，应从作者的思考角度出发并加上自己的体会，表达时逻辑要清晰。

【注释】《诗》：此指《诗经·小雅·节南山》。 节：高耸的样子。 维：语气词，无意义。 岩岩：险峻之意。 赫赫：显赫、显著的样子。 师尹：指的是太师尹氏，太师是周代的三公之一。 具：通"俱"。 尔：你。 瞻：瞻仰、仰视之意。 僇（lù）：通"戮"，杀戮之意。 《诗》：此指《诗经·大雅·文王》。 丧师：丧失民心。 克：能够。 配：与……相符。 仪：应该。 监：警戒，鉴戒。 峻：大。 不易：不易保有。 道：指"絜矩之道"。 此：才。 用：用度。 外本内末：指本末倒置；"外"指疏远，轻视；"内"指亲近，重视。 争民：民众互相争斗之意。 施夺：抢夺财富。

三、播音主持样式训练

怎样才配做一个现代学生（节选）
蔡元培

在中国四万万同胞中，各人所负责任的重大，恐怕要算青年学生首屈一指了！就中国现时所处的可怜地位和可悲的命运而论，我们几乎可以说：凡是可摆脱这种地位、挽回这种命运的事情和责任，直接或间接都是要落在学生们的双肩上。

第一是对于学术上的责任。做学生的第一件事就是要读书。读书从浅近方面说，是要增加个人的知识和能力，预备在社会上做一个有用的人；从远大的方面说，是要精研学理，对于社会国家和人类作最有价值的贡献。这种责任是何等的重大！读者要知道一个民族或国家要在世界上立得住脚——而且要光荣地立住——是要以学术为基础的。尤其是，在这竞争剧烈的二十世纪，更要倚靠学术。所以学术昌明的国家，没有不强盛的；反之，学术幼稚和知识蒙昧的民族，没有不贫弱的。德意志便是一个好例证：德人在欧战时力抗群强，能力固已可惊；大败以后，不到十年而又重列于第一等国之林，这岂不是由于他们的科学程度特别优越而建设力强所致么？我们中国人在世界上原来是很有贡献的——如发明指南针、印刷术、火药之类——所以现时国力虽不充足，而仍为谈世界文化者所重视。不过经过两千年专制的锢蔽，学术遂致落伍。试问在现代的学术界，我们中国人对于人类幸福有贡献的究竟有几个人呢？无怪人家渐渐看不起我们了。我们以后要想雪去被人轻视的耻辱，恢复我们固有的光荣，只有从学术方面努力，提高我们的科学知识，更进一步对世界作出新的贡献，这些都是不能不首先寄望于青年学生的。

第二是对于国家的责任。中国今日，外则强邻四逼，已沦于次殖民地的地位；内则政治紊乱，民穷财匮，国家的前途实在太危险了。今后想摆脱列强的羁绊，则非急图取消不平等条约不可。想把国民经济现状改良，使国家能享独立、自由、富厚的生活，则非使国内政治上轨道不可。昔日范仲淹为秀才时，便以天下为己任，果然有志竟成。现在的学生们，又安可不以国家为己任呢！

第三是对于社会的责任。先有好政治而后有好社会，或先有好社会而后有好政治？这个问题用不着什么争论，其实二者是相互影响的，所以学生对于社会也是负有对于政治同等的责任。我们中国的社会，是一个很老的社会，一切组织形式及风俗习惯，大都陈旧不堪，违反现代精神而应当改良。这也是要希望学生们努力实行的。因为一般年纪大一点的旧人物，有时纵然看得出，想得到，而因濡染太久的缘故，很少能彻底改革的。所以关于改良未来的社会一层，青年所负的责任也是很大的。以上所说的各种责任都放在学生们的身上，未免太重一些。不过生在这时的中国学生，是无法避免这些责任的。若不学着"骆驼样的精神"来"任重道远"，又有什么办法呢？

除开上述三种基本条件而外，再加以"崇好美术的素养"，和"自爱""爱人"的美德，便配称作现代学生而无愧了。

训练提示

　　1930年，蔡元培先生在《现代学生》上发表了这篇文章，文中对学生提出了三个全新要求，即"狮子样的体力""猴子样的敏捷""骆驼样的精神"。虽然已经过去了近九十载光阴，但文章依旧使我们警醒。稿件节选了文章的第三部分，请思考学生的"责任"是什么。表达时可以尝试设置演讲或教育、读书类节目等不同场景，用恰当的格调呈现。

一、海报描述解读训练

《雷锋在你我身边》宣传海报

雷锋那种全心全意为人民服务、把有限的生命投入到无限的为人民服务中去的精神，那种干一行爱一行，立足岗位、艰苦奋斗的螺丝钉精神，那种对同志、对群众像春天般温暖，舍己为人、助人为乐，我为人人、人人为我的精神，是在构建和谐社会的过程中必须大力发扬倡导的。

训练提示

精神文明建设是我国重要的公共事业之一，有关先进精神及社会主义理论最新成果的宣传海报自然必不可少。本课选用的是具有时代意义的雷锋精神的宣传海报。雷锋精神是中华民族传统美德的一种积淀，是一种随着时代进步而不断发展的与时俱进的精神。试结合海报内容谈谈自己对新时代"雷锋精神"的理解。表达时可尝试从雷锋的事迹入手、从自己身边的事入手、从自己的认识入手，要做到语言朴质、感情真挚。

二、朗诵训练——《大学》

训练内容

> 是故言悖而出者，亦悖而入；货悖而入者，亦悖而出。《康诰》曰："惟命不于常。"道善则得之，不善则失之矣。《楚书》曰："楚国无以为宝，惟善以为宝。"舅犯曰："亡人无以为宝，仁亲以为宝。"

训练提示

本章引用了《楚书》中的两处记载,来说明德行的重要性。理解并清楚地将其表达出来。

【注释】悖(bèi):逆、反。 货:财富。 常:恒常留驻一方。 道:说。 《楚书》:楚昭王时编写的史书。 楚国无以为宝,惟善以为宝:出自《楚书》。王孙圉受楚昭王之命出使晋国,晋国赵简子问楚国珍宝美玉之事,王孙圉回应说楚国从来不把美玉当珍宝,而只是将那些和观射父一样的大臣看作珍宝。 舅犯:晋文公重耳的舅舅,名狐偃,字子犯。 亡人无以为宝,仁亲以为宝:"亡人"指逃亡之人,特指重耳。子犯对重耳说这些话的历史情形是:晋献公听信谗言,逼得太子申生自缢。重耳也避难逃亡国外。重耳在狄国时,晋献公逝世,秦穆公派人劝他回国执政。子犯得知此事,认为重耳不能回去,随即对重耳说了这样的话。

第九级 第十二课

三、播音主持样式训练

龙华:神秘大佛(节选)

从万里长江第一城宜宾市沿金沙江西行,经过屏山县城,再沿着曲折盘旋的山区公路北行120公里,便可抵达龙华古镇。

龙华镇始建于宋代，已有1 400多年的历史。它依山临水，古风依然。漫步于古镇老街，不经意间抬头便可见八仙山上的神秘大佛。

大佛脚下龙华镇的居民们，几乎都不知道大佛的来历，甚至连大佛叫什么名都一无所知。

大佛立于一段红色的崖壁上，高达32米，雄伟庄严。四川省是中国摩崖佛像分布广泛的地区，那八仙山大佛究竟会隐藏着什么秘密呢？

龙华镇至今保留着一项独具特色的民俗活动——女子踩桥。每年正月十四日这天，龙华镇的女子都会自发地聚集到一起，到八仙山大佛下面起香，然后下山，在龙华镇的凉桥上进行踩桥。踩桥的目的是消灾祈福，保佑家人及亲友平安、幸福。龙华女子踩桥活动源于宋代，盛行于明清。如果踩桥活动与大佛有关，那大佛的历史可追溯到宋代，也就是应有上千年的历史。

大佛还有一个谜团让人费解，那就是不知因何原因，大佛没有完工，佛脚没有雕凿出来，为此人们众说纷纭。有的说是因经济所困，有的则认为是战乱所致。

历史上龙华一直是个军事重镇，是历代四川边防驻兵要地。清代时，龙华曾设立平安营，建都阃府。

如果大佛确定是在明代雕造，为何宋代已经设镇的龙华当地居民却对它一无所知？胡文和做出了一个大胆的推断：龙华镇的居民，肯定是明代以后从外地迁移来的。

为了求证胡文和的推断，我们找到了一户有家谱的居民。在家谱上，我们果然发现了这户朱姓人家的祖上是湖南长沙人，在第十二代时开始西迁。

众多史籍记载，明末清初时的四川战乱不断，加上张献忠屠川，四川的人口在明朝末年时有300多万，到了清初却只有8万人左右。陈长春推断，龙华镇应该就是在那个时候遭受了灭顶之灾。对清朝初年才开始迁入的龙华镇居民来说，自然就不了解建于明代晚期的大佛的来龙去脉了。

虽然要爬1700多个台阶才能来到大佛身边，但每天还是有人会来到这里膜拜。

了解了古镇的历史，我们也就理解了龙华镇的先人们为什么要造一座接引佛。他们或许希望大佛能帮助人们早日脱离苦海，将人们接引到美好的极乐世界去。大佛寄托着龙华古镇居民对未来美好生活的期盼。

训练提示

同一篇文章在不同的语境下需要采用不同的话语样态。这篇稿件节选自《走遍中国》节目，适合用讲解式来表现。同学们可以尝试在不同语境下表达，如作为主持人在演播间播报新闻、作为记者在现场进行出镜报道、作为导游为游客进行深度讲解等，要注意使用与之对应的语态。

第十三课

一、现场报道训练

暴雨突袭井盖被冲走　老人雨中坚守一小时引导路人

训练提示

2017年5月20日下午,一场雷暴雨突袭海南省海口市,造成多处道路积水。在海口市海秀中路奥林匹克花园小区附近路段,一个窨井井盖被暴雨冲走,因为担心积水太深、车辆与行人注意不到,一位老人冒雨守在旁边,引导过往行人车辆避开危险。据周边市民反映，这位老人在风雨中站了一个多小时。[①]

训练示例

首先，我们对图片进行遮挡处理。先来看图片的中间。

我们可以看到一位穿着灰色上衣、黑色裤子的老人，头戴黄色摩托车头盔，肩上搭着一把粉色的雨伞，手中还握着一个十分抢眼的红色塑料袋，两眼坚定地注视着前方。通过老人的穿着以及没过小腿的积水可以看出，照片拍摄于一个暴雨天。可令人费解的是，在这样恶劣的天气里，这位老人为什么会站在积水的马路上。

然后，我们把目光转向整张图片的下半部分。

通过图片我们可以看到，画面的下半部分是车辆应该通行的

[①] 暴雨突袭井盖被冲走　老人雨中坚守一小时引导路人［EB/OL］.（2017-05-22）［2017-07-13］. https://news.qq.com/a/20170522/021727.htm.

有些积水的机动车道，然而在车道上并没有一辆汽车甚至电动车行驶。再看图片的中部，是一座建筑物外围的栅栏，在栅栏和马路之间存在着一条仅够两人并肩通行的人行便道，奇怪的是双向的行人、机动车、非机动车都挤在这条狭窄的小路上。大家为什么放着大路不走，非要走小路呢？

最后，我们来看整张图片。

在整张图片的左下角，也就是图中的马路中央，有一个直径为1.5米至2米的大漩涡。原来经过一场暴风雨的侵袭，这口窨井的井盖不知所踪，于是就有了这个漩涡。而这位老人看到这个安全隐患后毫不犹豫地走到路中间，站在漩涡前，用自己的身体做警示标，用手中醒目的红色塑料袋提醒来往车辆注意避让。置身滂沱暴雨中、车水马龙间、危险漩涡前，这位老人用他并不高大壮硕的身体竖起了风雨中最暖的路标。

总有人说社会中的人情味淡了，"老年人"这个群体也"扶不起"了。但是，正如光和影的关系一样，我们无法保证社会中绝对不会出现"讹诈""碰瓷"这样的负面行为，但我们确定的是，只要人心向善、拒绝冷漠，就会有各种各样的暖心善行在不同职业、不同性别、不同年龄层的不同人群中不断地出现。向这位老人致敬！这种奉献精神值得社会大家庭中的每一个成员学习和践行。

训练内容

为防孩子走失　父亲"铐"着儿子游玩

2017年7月8日中午，重庆欢乐谷主题公园大门前，在拥挤的人群中，一个五六岁的小男孩手被绳子拴着，而绳子的另一头与一个年轻男子的手相连。两人手腕上都戴着一个扣环，中间由一条塑料绳子相连，绳长约一米，远看就像两人被一副"手铐"连接在一起，引得路人观看。男子称儿子生

第九级　第十三课

性好动，为了防止儿子走失，特意在网上购买了"儿童防走失牵引绳"，只要和儿子外出，就将他们两人"铐"在一起。①

训练提示

新闻图片比漫画、海报更具时效性、真实性、社会性，一张图片就是一条新闻，一张图片就是一个话题。

图片解读是现场报道的基础，同学们经过这一部分的训练，应基本做到真实、准确地描述图片内容，了解材料背景，身临其境、感同身受地讲述图片中蕴含的故事，表达出作者的思想感情，并在描述图片的基础上，抓住图片的新闻点、议论点，将事件叙述清楚，并结合图片展开自己的评述，做到真实、有信念地表达。

另外，要注意现场感与交流感，可进行模拟现场报道训练。

二、朗诵训练——《大学》

训练内容

> 《秦誓》曰："若有一介臣，断断兮无他技，其心休休焉，其如有容焉。人之有技，若己有之；人之彦圣，

---

① 为防孩子走失 父亲"铐"着儿子游玩［EB/OL］.（2017-07-10）［2017-09-22］. http:∥inews.ifeng.com/51402656/news. shtm.

其心好之,不啻若自其口出,实能容之,以能保我子孙黎民,尚亦有利哉!人之有技,媢疾以恶之。人之彦圣,而违之俾不通,实不能容,以不能保我子孙黎民,亦曰殆哉!"

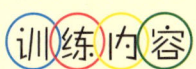

本段引用了《秦誓》对大臣任用标准的看法:能包容他人也是一种才能,嫉贤妒能是不可取的。请尝试理解文意,进行准确的表达。

【注释】《秦誓》:《尚书·周书》中的一篇。 断断:心地善良之意。 休休:胸怀宽广之意。 容:指能够包容人。 彦圣:德才兼备之意。"彦"指美好,"圣"指开明。 不啻(chì):不只是。 实:是。 媢(mào)疾:嫉妒之意。 违:阻碍之意。 俾(bǐ):使得。 殆:危险。

三、播音主持样式训练

秋天的怀念

史铁生

双腿瘫痪后,我的脾气变得暴怒无常。望着天上北归的雁阵,我会突然把面前的玻璃砸碎;听着收音机里甜美的歌声,我会猛地把手边的东西摔向四周的墙壁。这时,母亲就悄悄地躲出去，在我看不见的地方偷偷地注意着我的动静。当一切恢复沉寂，她又悄悄地进来，眼圈红红地看着我。"听说北海的花儿都开了，我推着你去走走。"她总是这么说。母亲喜欢花，可自从我的腿瘫痪后，她侍养的那些花都死了。"不，我不去！"我狠命地捶打这两条可恨的腿，喊着："我活着有什么劲！"母亲扑过来抓住我的手，忍住哭声说："咱娘儿俩在一块儿，好好儿活，好好儿活……"

我却一直都不知道，她的病已经到了那步田地。后来妹妹告诉我，她的肝常常疼得她整宿整宿翻来覆去地睡不了觉。

那天我又独自坐在屋里，看着窗外的树叶"刷刷拉拉"地飘落。母亲进来了，挡在窗前："北海的菊花开了，我推着你去看看吧。"她憔悴的脸现出央求般的神色。"什么时候？""你要是愿意，就明天。"她说。我的回答已经让她喜出望外了。"好吧，就明天。"我说。她高兴得一会儿坐下，一会儿站起："那就赶紧准备。""哎呀，烦不烦？几步路，有什么好准备的！"她也笑了，坐在我身边，絮絮叨叨地说着："看完菊花，咱们就去'仿膳'，你小时候最爱吃那儿的豌豆黄儿。还记得那回我带你去北海吗？你偏说那杨树花是毛毛虫，跑着，一脚踩扁一个……"她忽然不说了。对于"跑"和"踩"一类的字眼儿，她比我还敏感。她又悄悄地出去了。

她出去了，就再也没回来。

邻居们把她抬上车时，她还在大口大口地吐着鲜血。我没想到她已经病成这样。看着三轮车远去，也绝没有想到那竟是诀别。

邻居小伙子背着我去看她的时候，她正艰难地呼吸着。别人告诉我，她昏迷前的最后一句话是："我那个生病的儿子，还有那个未成年的女儿……"

又是秋天，妹妹推着我去北海看了菊花。黄色的花淡雅，白色的花高洁，紫色的花热烈而深沉，泼泼洒洒，秋风中正开得烂漫。我懂得母亲没有说完的话，妹妹也懂。我俩在一块儿，要好好儿活……

训练提示

我们在处理较为伤感、压抑的稿件时，往往会确定一个比较低沉的基调和语气，但只有低沉是不够的，同学们还应在统一的基调中寻求变化，将故事情节的转折、作者的心理变化等体现出来。

体会作者在得知母亲病情前后的心理变化，并理解作者期望人们珍视生命、善待生命的初衷。请使用平实正规的谈话式语调来处理这篇文章，注意基调要统一而有变化，不要一味低沉。

第十四课

一、现场报道训练

训练内容

我在辽宁舰上留张影

2017年7月8日及9日,中国首艘航空母舰——辽宁舰在香港向公众开放。7月9日,两名少年在辽宁舰的飞行甲板上模仿"航母Style"动作。①

---

① 我在辽宁舰上留张影[EB/OL].(2017-07-09)[2017-09-10].http://www.xinhuanet.com/photo/2017-07/09/c_1121290002_4.htm.

训练提示

较强的真实性和时效性是新闻的基本特征，也是新闻价值的重要组成因素。其中，真实性是新闻的生命，失去真实性的新闻就不能被称作新闻；而时效性是新闻价值的决定因素，滞后的新闻是没有价值的旧闻。因此，给受众最直观地带来一手资料的现场报道，在新闻传播中地位显著。新时代的主持人应具备采、编、播、说、评等多种业务能力，而现场报道则是必备技能。

请尽可能细致深入地挖掘图片信息，解读图片时不要自说自话，要突出交流感和讲述感。

二、朗诵训练——《大学》

训练内容

唯仁人放流之，迸诸四夷，不与同中国。此谓唯仁人为能爱人，能恶人。见贤而不能举，举而不能先，命也；见不善而不能退，退而不能远，过也。好人之所恶，恶人之所好，是谓拂人之性，灾必逮夫身。是故君子有大道，必忠信以得之，骄泰以失之。

训练提示

本段提到，对于君子所拥有的高尚德行，只有忠诚老实才能够获得，骄纵放肆便会失去；同时，解读了"怠慢"和"有过错"的做法。请揣摩文意，体会仁德之人的做法和品质。

【注释】放流：流放。 迸：驱逐之意。 四夷：东南西北各方之夷。"夷"指古代东方的百姓。 中国：指的是国家的中心地区。 举：举荐。 先：优先。 命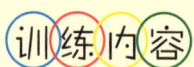："慢"之误字，轻慢之意。 退：黜退。 过：过错。 好（hào）人之所恶（wù）：喜好众人所厌恶的。 拂：逆、违背。 逮：等到之意。 夫：助词，无意义。 大道：常理正道。

三、播音主持样式训练

训练内容

国庆阅兵仪式解说词

现在分列式正式开始，首先接受检阅的是徒步方队，徒步方队一共15个，其中陆军4个、海军3个、空军2个、第二炮兵1个、陆海空三军联合方队2个、武警方队1个、后备力量方队2个。三军女民兵方队、第二炮兵徒步方队、特种兵方队是首次参加国庆阅兵。

率先通过天安门广场的是陆海空三军仪仗队，他们护卫着解放军军旗。陆海空三军仪仗队，曾代表中国执行了3 000余次司礼仪仗任务，见证了香港、澳门回归等重大历史时刻，向世界展示了人民军队的风采和共和国的荣耀。

接着走来的是由石家庄机械化步兵学院组成的陆军学员方队。解放军院校建设形成了院校教育与部队训练衔接、军事教育与国民教育并举、国内培养与国外培训结合的新型教育格局，一大批受过高等教育的新型军事人才成为军队建设的中坚力量。

接着走来的是首次在国庆阅兵中亮相的特种兵方队。解放军特种作战力量正逐步实现由传统侦察部队向新型特种作战部队的历史性转变。面对新的形势和任务，特种部队严格训练，全面提高战斗力，成为能够经得起任何考验的拳头和尖刀部队。

现在走过来的是参加过数次国庆阅兵的大连舰艇学院的海军学员方队。经过60年建设，海军已发展成为由水面舰艇、潜艇、航空兵、岸防和陆战力量等组成的综合性军种，按照近海防御、远海防卫的战略要求，努力提高战略威慑、远海机动和近海综合作战能力。由海军潜艇学院组成的水兵方队是最年轻的受阅方队，平均年龄只有18岁。

……

第九级

第十四课

◉训◉练◉提◉示◉

　　讲解，在不同的场合有不同的格调，比如导游对游客的讲解是休闲自在的，工作人员对顾客的讲解是平实正规的。本课选用的稿件是中华人民共和国成立60周年国庆大阅兵的解说词，应使用高雅郑重的格调讲解。假如你是解说阅兵的播音员，请从现场给观众做恰当的讲解。

第十五课

一、现场报道训练

战高温　保生产

连日来，高温热浪袭击塔里木盆地，位于塔克拉玛干沙漠腹地的塔中油气田最高气温达到43℃。工作在这里的塔里木油田公司的员工顶着高温酷暑坚守在各自的工作岗位上，确保高温天气下的安全生产，加快油气生产步伐。

图为2017年7月8日，塔里木第四勘探公司70586钻井队的钻井工魏久宝（左）、王振（右）在塔中16-31H油井的钻井平台作业。①

我们每天的正常生活背后，总有这样一群人在不起眼处默默付出着：没有环卫工在炎炎烈日下、车来人往中清扫路面，就没有整洁的市容；没有警察在社会中无处不在的保护，就没有稳定的社会治安；没有"白衣天使"的细心诊断和治疗，就没有患病时解除病痛的方法。因此，我们应心怀感激地对待为我们辛勤付出的每一个人。平凡的工作有不平凡的价值。根据上文，假设你就在现场，请作为出镜记者做现场报道。

二、朗诵训练——《大学》

训练内容

> 生财有大道，生之者众，食之者寡，为之者疾，用之者舒，则财恒足矣。仁者以财发身，不仁者以身发财。未有上好仁而下不好义者也，未有好义其事不终者也，未有府库财非其财者也。

---

① 战高温 保生产 [EB/OL]. (2017-07-09) [2017-08-12]. http://www.gov.cn/xinwen/2017-07/09/content.5209078.htm#l.

训练提示

本章节提出了发财致富的方法及原则，分析了有德行和无德行的人的取财之道，并对财富的最终归属做了判断。请同学们尝试理解和表达本章节的内容。

【注释】大道：常理正道。　生：生产。　食：享用。疾：迅速。　舒：舒缓，缓慢。　发身：修炼身心。"发"为发起之意。　不终：不成功。　府库：存放国家贵重器物的地方。

三、播音主持样式训练

是真的吗，藿香正气水与头孢类抗生素同服会中毒？

临床上藿香正气水常用于肠胃型感冒及中暑的预防，而头孢类抗生素作为广谱抗生素，由于不良反应小，所以在临床上的应用也十分广泛。很多人夏季感冒时常会配合吃一些消炎药来抵抗病毒，那么，藿香正气水不能与头孢类抗生素同时服用的说法是真的吗？

对于这个事情，大家的看法就不一样了，那么藿香正气水与头孢类抗生素同服会有中毒风险是真是假呢？吃过或者注射过头孢类抗生素，再服用藿香正气水，到底会出现什么样的情况呢？

据专家介绍：因为大家吃头孢类抗生素的时候往往都会有感染的症状，同时，藿香正气水也是治疗感冒中暑的良药，所以两种药物合用的可能性非常大。两种药物合用以后，轻者可能会有头痛、头晕、出汗等症状，重者甚至会出现呼吸抑制、心动过速，更严重的还会出现过敏性休克的情况。这种情况在医学上被称为双硫仑样反应。

看来，藿香正气水和头孢类抗生素同服会有中毒风险的说法是真的。那么为什么这两种常见药物同吃会产生这种剧烈的反应呢？

藿香正气水含有40%～50%的乙醇，在我们的体内，乙醇首先经过乙醇脱氢酶氧化代谢为乙醛，乙醛再通过乙醛脱氢酶氧化代谢为乙酸，乙酸最后变成二氧化碳和水排出体外。

其实在这个过程当中，乙醛是罪魁祸首。这是因为大多数头孢类抗生素会含有甲基四氮唑这种基团，这种基团抑制了乙醛脱氢酶的活性，从而导致乙醛无法被代谢，在体内大量堆积，引起中毒症状。

含有甲基四氮唑的头孢类抗生素与藿香正气水或者酒精间隔多久服用才是安全的呢？专家建议最好间隔两天以上再服用，那时体内的药物已经代谢完毕，就不会再发生药物的相互作用。专家强调，中毒症状的轻重往往和乙醇的摄入量有关，按照说明书，使用藿香正气水时一次只喝十毫升，其中所含有的酒精并不多。所以对于正常人来讲，如果误食也不必过度恐慌，即便出现轻微的不适反应，身体也可以进行自我恢复。但是如果摄取酒精的量很大，比如近两天喝过酒或食用过酒精含量较高的食物，身体出现不适后应尽快就医。

同时，在选择药品时可以选择藿香正气滴丸或者胶囊这类不含酒精的药物替代。医生提醒，还有一些药物如十滴水、风湿液等也都含有乙醇成分，不能和头孢类抗生素一起服用；而将甲硝唑、替硝唑等药物与酒精同服，也会引发双硫仑样反应。

训练提示

我们在主持生活服务类或者科普类节目时，往往需要为观众朋友讲解一个小窍门或者科学原理。此类节目的主持风格大多亲切、轻松，所以要和讲解国庆阅兵式的感觉区分开，在把知识讲解清楚的同时，要做到自然、不失亲和力。

请使用通俗灵动的讲解式完成此类节目主持，注意讲解原理时切勿一味枯燥乏味地说，对象感、交流感不能丢。

第十六课

一、现场报道训练

重庆残疾大姐只用两根手指包抄手　赚两套房

在重庆渝北区鸳鸯街道有一家面馆,老板娘是一位40多岁的大姐,她右手只有两根手指,包抄手速度惊人。采访得知,大姐开面馆20年,从忠县老家奋斗到主城,靠一双不健

全的手挣了两套房。①

训练提示

在生活中，提到需要社会帮助的弱者时我们总会把他们和"老、弱、病、残、孕"挂钩，尤其是残疾人，这一群体不是以年龄、性别划分的，而是以肢体伤残程度划分的。提到他们，人们的看法普遍是无工作能力，甚至无自理能力，因此他们参加工作时往往会被拒绝。即便如此，还是有一部分人身残志坚，以残缺的身体做着与正常人别无二致的事，甚至做得更加出色。请你作为记者在图中的场景中为我们播送现场报道。

二、朗诵训练——《大学》

训练内容

> 孟献子曰："畜马乘，不察于鸡豚；伐冰之家，不畜牛羊；百乘之家，不畜聚敛之臣。与其有聚敛之臣，宁有盗臣。"此谓国不以利为利，以义为利也。长国家而务财用者，必自小人矣。彼为善之，小人之使为国家，灾害并至。虽有善者，亦无如之何矣！此谓国不以利为利，以义为利也。

---

① 重庆残疾大姐只用两根手指包抄手　赚两套房［EB/OL］.（2017-07-10）［2017-08-13］. https://news.qq.com/a/20170710/024619.htm#p=l.

训练提示

本章节提出了对国家利益的判断：一个国家应该以"仁义"作为利益，而不能完全把"财富"作为利益；还引用孟献子的话支持这一观点。请揣摩文意并明确作者立场，进行准确表达。

【注释】孟献子：鲁国的大夫，姓仲孙，名蔑。 乘（shèng）：指四匹马拉的车，是古代大夫级的待遇。 伐冰之家：办丧事时能够用冰来保存尸体的人家，这是卿大夫以上的大官能享受的待遇。 百乘之家：有一百辆车的家族，指古代的大家族，通常是有封地的诸侯王。 聚敛之臣：聚敛民财的家臣。 盗臣：指盗窃公家财物的家臣。 长（zhǎng）国家：成为一国之长，指的是成为国君。 务：致力于。 彼：这里指国君。 为：治理。 无如之何：拿它没有办法。

三、播音主持样式训练

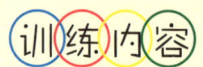

长江三峡（节选）

刘白羽

雾笼罩着江面，气象森严。十二时，"江津"号启碇顺流而下了。在长江与嘉陵江汇合后，江面突然开阔，天穹顿觉低垂。浓浓的黄雾，渐渐把重庆隐去。一刻钟后，船又在两面碧森森的悬崖陡壁之间的狭窄的江面上行驶了。

你看那急速漂流的波涛一起一伏，真是"众水会万涪，瞿塘争一门"。而两三木船，却齐整地摇动着两排木桨，像鸟儿扇动着翅膀，正在逆流而上。我想到李白、杜甫在那遥远的年代，以一叶扁舟，搏浪急进，该是多么雄伟的搏斗，会激发诗人多少瑰丽的诗思啊！……不久，江面更开朗辽阔了。两条大江，骤然相见，欢腾拥抱，激起云雾迷蒙，波涛沸荡，至此似乎稍为平定，水天极目之处，灰蒙蒙的远山展开一卷清淡的水墨画。

从长江上顺流而下，这一心愿真不知从何时就在心中扎下根子，年幼时读"大江东去……"，读"两岸猿声……"辄心向往之。后来，听说长江发源于一片冰川，春天的冰川上布满奇异艳丽的雪莲，而长江在那儿不过是一泓清溪；可是当你看到它那奔腾叫啸，如万瀑悬空，砰然万里，就不免在神秘气氛的"童话世界"上又涂了一层英雄光彩。后来，我两次到重庆，两次登枇杷山看江上夜景，从万家灯光、灿烂星海之中，辨认航船上缓缓浮动而去的灯火，多想随那惊涛骇浪，直赴瞿塘，直下荆门呀。但亲身领略一下长江风景，直到这次才实现。因此，这一回在"江津"号上，正如我在第二天写的一封信中所说：

"这两天，整天我都在休息室里，透过玻璃窗，观望着三峡。昨天整日都在朦胧的雾罩之中。今天却阳光一片。这庄严秀丽、气象万千的长江真是美极了。"

下午三时，天转开朗。长江两岸，层层叠叠，无穷无尽的都是雄伟的山峰，苍松翠竹绿茸茸的遮了一层绣幕。近岸陡壁上，背纤的纤夫历历可见。你向前看，前面群山在江流浩荡之中，则依然为雾笼罩，不过雾不像早晨那样浓，那样黄，而呈乳白色了。现在是"枯水季节"，江中突然露出一块黑色礁石，一片黄色浅滩，船常常在很狭窄的两面航标之间迂回前进，顺流驶下。山愈聚愈多，渐渐暮霭低垂了，渐渐进入黄昏了，红绿标灯渐次闪光，而苍翠的山峦模糊为一片灰色。

当我正为夜色降临而惋惜的时候，黑夜里的长江却向我展开另外一种魅力。开始是，这里一星灯火，那儿一簇灯火，好像长江在对你眨着眼睛。而一会儿又是漆黑一片，你从船身微微的荡漾中感到波涛正在翻滚沸腾。一派特别雄伟的景象，出现在深宵。我一个人走到甲板上，这时江风猎猎，上下前后，一片黑森森的，而无数道强烈的探照灯光，从船顶上射向江面，天空、江上一片云雾迷蒙，电光闪闪，风声水声，不但使人深深体会到"高江急峡雷霆斗"的赫赫声势，而且你觉得你自己和大自然是那样贴近，就像整个宇宙，都罗列在你的胸前。水天，风雾，浑然融为一体，好像不是一只船，而是你自己正在和江流搏斗而前。"曙光就在前面，我们应当努力。"这时一种庄严而又美好的情感充溢我的心灵，我觉得这是我所经历的大时代突然一下集中地体现在这奔腾的长江之上。是的，我们的全部生活不就是这样战斗、航进、穿过黑夜走向黎明的吗？现在，船上的人都已酣睡，整个世界也都在安眠，而驾驶室上露出一片宁静的灯光。想一想，掌握住舵轮，透过闪闪电炬，从惊涛骇浪之中寻到一条破浪前进的途径，这是多么豪迈的生活啊！我们的哲学是革命的哲学，我们的诗歌是战斗的诗歌，正因为这样，我们的生活是最美的生活。列宁有一句话说得好极了："前进吧！这是多么好啊！这才是生活啊！"……"江津"号昂奋而深沉地鸣响着汽笛向前方航进。

训练提示

　　宣读，多用于高雅郑重的格调，但不限于此。至于应该用什么格调来宣读，受多种因素的影响，如文章内容、作者思想感情等。以上内容在描写上总体来说较为朴实，而在景色描写背后又蕴含着作者对祖国壮丽河山的深厚情感。在处理作品时不要只停留在字面意思上，要用心体会作者创作时的心情与寄托于山水描写中的感情。

　　体会作者的思想感情，生动形象地描述景色。

第十七课

一、现场报道综合训练

我看共享单车

请以"我看共享单车"为题目,自行拍摄图片,并根据图片与现场情况设计现场报道。

训练提示

播音主持现场报道在实际的应用中只明确要求时间、地点,而不会要求我们从某一特定视角进行报道或解读,这就要求我们有一双善于捕捉信息和新闻点的眼睛。在这一阶段的练习中,同学们需要根据给出的话题或地点自行拍摄图片,并进行图片解读与现场报道。

如今,共享单车已经成为我们在城市中出行的重要方式,它的出现为我们的出行带来了诸多的便利,在一定程度上解决了"最后一公里"的难题。但凡事都有两面性,乱停乱放、私锁私占、涂划破坏、危险骑行等问题也随之而来。观察、构思时,不要蜻蜓点水,应尽可能多地观察细节,尝试从更深层次挖掘信息。

二、朗诵训练——《兰亭集序》

训练内容

永和九年，岁在癸丑，暮春之初，会于会稽山阴之兰亭，修禊事也。群贤毕至，少长咸集。此地有崇山峻岭，茂林修竹，又有清流激湍，映带左右，引以为流觞曲水，列坐其次。虽无丝竹管弦之盛，一觞一咏，亦足以畅叙幽情。

是日也，天朗气清，惠风和畅。仰观宇宙之大，俯察品类之盛，所以游目骋怀，足以极视听之娱，信可乐也。

训练提示

东晋时期王羲之与友人谢安、孙绰等41人会聚兰亭，赋诗饮酒。王羲之将与会者所赋诗作编成一本集子，作序一篇，以记述流觞曲水一事，并抒写由此而引发的内心感慨。这篇序文就是《兰亭集序》。①

本课选用的前半部分记叙了兰亭聚会盛况，并写出了与会者的深切感受。这一部分先点明聚会的时间、地点、缘由，后介绍与会的人数之多、范围之广，接着写兰亭周围优美的环境，最后指出

---

① 兰亭集序赏析［EB/OL］．［2017-05-27］．http://so.gushiuen/shangxi_2334.aspx.

盛会之日正逢令人心旷神怡的天时，与会者完全可以摆脱世俗的苦恼，尽情地享受自然美景，抒发胸臆。

描绘景色时要有画面感，体会与会者之"乐"。

【注释】永和：东晋皇帝司马聃（晋穆帝）的年号，从公元345年到356年，共12年。永和九年上巳节，王羲之与谢安、孙绰等41人举行禊礼，饮酒赋诗，事后将作品结为一集。王羲之写了这篇序，总述其事。　暮春：阴历三月。"暮"为晚之意。　会：集会。　会稽（kuài jī）：郡名，辖地今浙江北部及江苏东南部。　山阴：今浙江绍兴。　修禊（xì）事也：（为了）做禊事。"禊"是一种祭礼，古时以三月上旬的巳日（魏以后定为三月三日）为修禊日。"禊事"指古代的一种风俗，三月三日人们到水边洗濯、嬉游，以祈福消灾。　群贤：诸多贤士能人，指谢安等社会名流。"贤"为形容词做名词。　毕至：全到。"毕"指全、都。　少长：如王羲之的儿子王凝之、王徽之是少，谢安、王羲之等是长。　咸：都。　崇山峻岭：高峻的山岭。　修竹：高高的竹子。"修"表示高高的样子。　激湍（tuān）：流势很急的水。　映带左右：辉映围绕在亭子的周围。"映带"指映衬、围绕。　流觞（shāng）曲（qū）水：用漆制的酒杯盛酒，放入弯曲的水道中任其漂流，杯停在某人面前，某人就引杯饮酒。这是古人一种劝酒取乐的方式。"流"为使动用法。"曲水"指引水环曲为渠，以流酒杯。　列坐其次：列坐在曲水之旁。"列坐"指排列而坐。"次"指旁边。　丝竹管弦之盛：演奏音乐的盛况。"盛"指盛大。　一觞一咏：喝着酒、作着诗。　幽情：幽深内藏的感情。　是日也：这一天。　惠风：和风。　和畅：柔和，令人感到舒畅。　品类之盛：万物的繁多。"品类"指自然界的万物。 所以:用来。 骋(chěng):放开,敞开。 极:穷尽。

三、播音主持样式训练

二里头·最早的紫禁城(节选)

各位观众大家好,欢迎来到《读书》,欢迎走进最早的中国。这似乎是一个很古老的问题,但是却萦绕在一代又一代中国人的心中。最早的中国是从什么时候开始的?最早的中国在哪儿呢?最早的中国人创造了怎样的文明呢?"最早的中国"这个概念其实是一位考古学家提出来的,他写了三本书,其实都围绕着这样一个话题,就是解释最早的中国。我们今天就一起来聊聊最早的中国。

首先我要问一下现场观众,你们对"二里头"这个名字熟悉吗?看来大家并不熟悉。其实我们这次做的"最早的中国"专题当中,有许多遗存大家都不熟悉,但是这些名字又是如此的重要。

公元前4000多年一直到公元前3000多年,对于在这个阶段出现的中华的文明,著名的考古学家苏秉琦先生有一个很形象的说法,说它是"满天星斗",嗯,那接下来就给大家解释一下什么叫"满天星斗"。

这个比喻非常形象，在距今5 000多年时，最初是没有国家的，大家都是大体平等的。那时是原始社会，还没有国家，后来才有了一些小国，但是在整个东亚大陆还没有一个独一无二的可以被称为核心的东西，"满天星斗"说的就是这样一种局面。

我们知道在整个中国文化中最发达的、最适合人类居住的、农业最兴盛的地方是我们说的"大两河流域"，也就是大家都知道的黄河流域和长江流域。就在这"满天星斗"中，出现了几颗比较亮的星。在长江流域，从公元前3000多年一直到公元前2000多年，这个最亮的星是位于现在的杭州附近的良渚文明。良渚遗址的规模非常大，贵族用许多玉器来随葬。（当时）已经有金字塔式的社会等级了。等到了中原，比如说在陶寺遗址中，考古学家发现当时的人用夯土来版筑城墙，（它）也是一个比较大的城。

如果说这两大遗址是"满天星斗"中的最亮的两颗星，那么在它们退出历史舞台之后，在中原、在嵩山和伊洛河这一带就出现了二里头这么一个庞大的都邑。那么，"满天星斗"都落幕之后呢，可以把二里头所处的时代叫作"月明星稀"，中国历史又翻开了新的一页。

如果说"满天星斗"时期是无中心的多元，也就是没有中心有多元，那么二里头时期就可以说是有中心的多元。这个中心有了，但是它又没有像秦汉以后的中国历代王朝那样成为统一的国家，而是国上之国，它更像是盟主老大。

二里头遗址并不大，现存面积大约为300万平方米，也就是3平方公里，但是我们国家的考古队从1959年发现它后就开始发掘，队员都换了好几代人了，到目前为止过去50多年了，才挖了这个遗址的百分之一多一点，大家想一想，其实就是愚公移山。最早的中国就是在考古队员们的手铲下被发现的。

　　本部分内容根据CCTV-10《读书》节目2017年6月26日的《二里头·最早的紫禁城》整理。主持人在各类节目中与观众交流时，经常会用到谈话式的语言，像和老朋友聊天那样亲切自然，不端着，但也不会随随便便。同学们要做到感情真挚，态度诚恳。

　　在读书谈话类的节目中，主持人与观众之间更像是朋友、书友的关系，建议使用通俗灵动的格调娓娓道来，谈话时态度要自然诚恳，尽量减少说教味。

一、现场报道综合训练

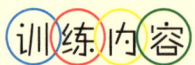

交通规则之我见

请以"交通规则之我见"为题目,自行拍摄图片,并根据图片与现场情况设计现场报道。

训练提示

现场报道是播音主持即兴口语表达的重要一环,有着极强的信息传递和社会问题反映能力。出镜记者要敏锐、及时地发现值得报道和反映的点,并逻辑缜密、脉络清晰地完成报道。

"红灯停、绿灯行"是小朋友都熟知的交通规则,但实际上有很多成年人都没法完全做到。比如有的机动车驾驶员超速行驶、违规占用应急车道;有人骑电动车、自行车逆行、逼抢;有的行人无视红灯,采用"中国式过马路"的方法穿行。道路除了承载交通任务,还反映出人们的道德修养与规则意识。在车水马龙间以你所说传你所见。

二、朗诵训练——《兰亭集序》

训练内容

夫人之相与，俯仰一世，或取诸怀抱，悟言一室之内；或因寄所托，放浪形骸之外。虽趣舍万殊，静躁不同，当其欣于所遇，暂得于己，快然自足，不知老之将至。及其所之既倦，情随事迁，感慨系之矣。向之所欣，俯仰之间，已为陈迹，犹不能不以之兴怀。况修短随化，终期于尽。古人云："死生亦大矣。"岂不痛哉！

每览昔人兴感之由，若合一契，未尝不临文嗟悼，不能喻之于怀。固知一死生为虚诞，齐彭殇为妄作。后之视今，亦犹今之视昔，悲夫！故列叙时人，录其所述。虽世殊事异，所以兴怀，其致一也。后之览者，亦将有感于斯文。

第九级　第十八课

训练提示

天下没有不散的宴席，有聚合必有别离，尽管人们取舍不同、性情各异，但所谓"兴尽悲来"是人们都常有的心绪。刚刚因为自己所向往且终于获得的东西感到无比欢欣，刹那之间，已为陈迹。人的生命也无例外，每当想到人的寿命不论长短，最终都将归于寂灭时，人们更加感到无比凄凉和悲哀。如果说前半部分是叙事写景，那么这一部分就是议论和抒情。①请体会作者在表现人生苦短、生命有限的感叹中，流露出的那一腔对生命的向往和执着的热情。

【注释】夫人之相与，俯仰一世：人与人相交往，很快便度过一生。"夫"为句首发语词，不译。"相与"指相处、相交往。"俯仰"表示时间的短暂。　取诸：取之于，从……中取得。　悟言：面对面交谈。　悟：通"晤"，指面对面。　因寄所托，放浪形骸之外：借由自己所爱好的事物，寄托自己的情怀，不受约束、放纵无羁地生活。"因"指依、随着，"寄"指寄托，"所托"指所爱好的事物；"放浪"指放纵、无拘束，"形骸"指身体、形体。　趣（qǔ）舍万殊：各有各的爱好，取舍各不相同。"趣舍"即取舍，引申为爱好；"趣"通"取"；"万殊"指千差万别。静躁：安静与躁动。　暂：短暂，一时。　快然自足：感到高兴和满足。　不知老之将至：（竟）不知道衰老将要到来。语出《论语·述而》："其为人也，发愤忘食，乐以忘忧，不知老之将至云尔。"一本有"曾"在句前。　所之既倦：（对于）所喜爱或得到的事物已经厌倦。"之"表示往、到达。　情随事迁：感情随着事物的变化而变化。"迁"指变化。　感慨系之：感慨随着产生。"系"指附着。　向：过去、以前。　陈迹：旧迹。以之兴怀：心中因它而产生感触。"以"表示因为，"之"指"向之所欣……以为陈迹"，"兴"指发生、引起。　修短随化：

---

① 兰亭集序赏析［EB/OL］.［2017-05-27］.http://so.gushiuen/shangxi_2334.aspx.

寿命长短，听凭造化。"化"指自然。　期：至，及。　死生亦大矣：死生是一件大事啊。语出《庄子·德充符》。　契：符契，古代的一种信物。在符契上刻上字，剖而为二，双方各执一半，作为凭证。　临文嗟（jiē）悼：读古人文章时叹息哀伤。"临"指面对。喻：明白。　固知一死生为虚诞，齐彭殇为妄作：本来知道把死和生等同起来的说法是不真实的，把长寿和短命等同起来的说法是妄造的。"固"指本来、当然；"一"指把……看作一样；"齐"指把……看作相等，都用作动词；"虚诞"指虚妄荒诞的话；"殇"指未成年死去的人；"妄作"指妄造、胡说。一生死、齐彭殇，都是庄子的看法，出自《庄子·齐物论》。　列叙时人：一个一个记下当时与会的人。　录其所述：记录下他们作的诗。　其致一也：人们的思想情趣是一样的。　后之览者：后世的读者。　斯文：这次集会的诗文。

三、播音主持样式训练

五猖会（节选）

鲁　迅

因为东关离城远，大清早大家就起来。昨夜预定好的三道明瓦窗的大船，已经泊在河埠头，船椅、饭菜、茶炊、点心盒子，都在陆续搬下去了。我笑着跳着，催他们要搬得快。忽然，工人的脸色很谨肃了，我知道有些蹊跷，四面一看，父亲就站在我背后。

"去拿你的书来。"他慢慢地说。

这所谓"书"，是指我开蒙时候所读的《鉴略》。因为我再没有第二本了。我们那里上学的岁数是多拣单数的，所以这使我记住我其时是七岁。

我忐忑着，拿了书来了。他使我同坐在堂中央的桌子前，教我一句一句地读下去。我担着心，一句一句地读下去。

两句一行，大约读了二三十行罢，他说：

"给我读熟。背不出，就不准去看会。"

他说完，便站起来，走进房里去了。

我似乎从头上浇了一盆冷水。但是，有什么法子呢？自然是读着，读着，强记着，——而且要背出来。

粤自盘古，生于太荒，

首出御世，肇开混茫。

就是这样的书，我现在只记得前四句，别的都忘却了；那时所强记的二三十行，自然也一齐忘却在里面了。记得那时听人说，读《鉴略》比读《千字文》《百家姓》有用得多，因为可以知道从古到今的大概。知道从古到今的大概，那当然是很好的，然而我一字也不懂。"粤自盘古"就是"粤自盘古"，读下去，记住它，"粤自盘古"呵！"生于太荒"呵！……

应用的物件已经搬完，家中由忙乱转成静肃了。朝阳照着西墙，天气很清朗。母亲、工人、长妈妈即阿长，都无法营救，只默默地静候着我读熟，而且背出来。在百静中，我似乎头里要伸出许多铁钳，将什么"生于太荒"之流夹住；也听到自己急急诵读的声音发着抖，仿佛深秋的蟋蟀，在夜中鸣叫似的。

他们都等候着；太阳也升得更高了。

我忽然似乎已经很有把握，便即站了起来，拿书走进父亲的书房，一气背将下去，梦似的就背完了。

"不错。去罢。"父亲点着头，说。

大家同时活动起来，脸上都露出笑容，向河埠走去。工人将我高高地抱起，仿佛在祝贺我的成功一般，快步走在最前头。

我却并没有他们那么高兴。开船以后，水路中的风景，盒子里的点心，以及到了东关的五猖会的热闹，对于我似乎都没有什么大意思。

第九级

第十八课

训练提示

《五猖会》是鲁迅先生的散文集《朝花夕拾》中的一篇回忆性散文。题为"五猖会"，开头为看会做铺垫，却大篇幅描写看会前父亲强迫他背书的情节，之后只字未提五猖会的盛况，可见作者对封建强权教育扼杀孩子天性的强烈不满与谴责。

体会作者心情的变化，在语气上将其表现出来，并在描写环境及旁人的动作、语言、神态的字里行间理解作者的真正意图。请使用平实正规的朗诵式播读这篇文章。

测评内容与要求

播音主持系列九级测评

【内容与要求】

1. 指定训练教材中的一幅图片（世界名画、漫画、海报、新闻图片），进行即兴描述，限时2分钟。

要求：考查考生的观察力、理解力、感受力、思辨力、表现力、鉴赏力。图画描述清晰生动，有现场感。

2. 指定朗读《大学》片段，结合生活实例谈谈自己的理解与感受。限时2分钟。

要求：体态自信舒展，语言清晰畅达。

3. 抽取训练教材中的稿件，模拟播音主持。

要求：语言表达清晰流畅，有亲和力，体态自然大方。

后 记

人类的每一次进步，都离不开语言开路。近年来，教育部力推素质教育，改进美育教学，在中小学语文教材中增加了朗读和理解课文内容的练习，这是贯彻落实党的教育方针的重要措施。

中央电视台《朗读者》《开讲了》等语言类节目的热播也助推了社会对朗读和演讲的关注度的提高，越来越多的家庭开始重视对孩子语言表达能力的培养和塑造。好口才成就好未来，"青少年语言表演艺术"丛书可以说是应运而生。这套丛书包含播音主持和朗诵表演两个系列，每个系列5本书。

丛书编写和出版过程得到了中国传媒大学出版社、中国传媒大学远程与继续教育学部的支持和帮助，感谢辛苦付出的同仁、朋友们。

感谢本套丛书的编写者。播音主持系列：1—3级由胡铖铖编写，4—6级由韩杰编写，7—8级由韩杰编写，第9级和第10级由李金泽、牟茗涵编写。朗诵表演系列：1—3级由范晨晨编写，4—6级由牟茗涵编写，7—8级由迟茜编写，第9级和第10级由王新宇编写。

在丛书编写过程中，由于条件所限，书中部分所选作品和图片，未能直接与相关作者取得联系。如有作者在本书中发现自己的作品，请与我们联系。我们的联系方式是：yuyanbyys@163.com，我们将按照著作权相关规定支付稿酬。

图书在版编目(CIP)数据

青少年语言表演艺术播音主持系列.第9级／全国青少年语言表演艺术测评中心编. ——北京：中国传媒大学出版社,2019.5(2019.11重印)
(青少年语言表演艺术丛书)
ISBN 978-7-5657-2377-3

Ⅰ.①青… Ⅱ.①全… Ⅲ.①播音—语言艺术—教材 ②主持人—语言艺术—教材 Ⅳ.①G222.2

中国版本图书馆 CIP 数据核字(2018)第 194222 号

青少年语言表演艺术 播音主持系列第 9 级

QINGSHAONIAN YUYAN BIAOYAN YISHU BOYIN ZHUCHI XILIE DI 9 JI

编　　者	全国青少年语言表演艺术测评中心
丛书策划	王雁来
责任编辑	王　硕
特约编辑	陈　默
责任印制	李志鹏
封扉设计	王淑君
出版发行	中国传媒大学出版社
社　　址	北京市朝阳区定福庄东街1号　　邮编：100024
电　　话	86-10-65450528　65450532　　传真：65779405
网　　址	http://cucp.cuc.edu.cn
经　　销	全国新华书店
印　　刷	北京中科印刷有限公司
开　　本	787mm×1092mm　1/16
印　　张	7.5
字　　数	78 千字
版　　次	2019 年 5 月第 1 版
印　　次	2019 年 11 月第 2 次印刷
书　　号	ISBN 978-7-5657-2377-3/G・2377　　定　价　45.00 元

版权所有　　翻印必究　　印装错误　　负责调换

绿色印刷 保护环境 爱护健康

亲爱的读者朋友：

　　本书已入选"北京市绿色印刷工程——优秀出版物绿色印刷示范项目"。它采用绿色印刷标准印制，在封底印有"绿色印刷产品"标志。

　　按照国家环境标准（HJ2503-2011）《环境标志产品技术要求 印刷 第一部分：平版印刷》，本书选用环保型纸张、油墨、胶水等原辅材料，生产过程注重节能减排，印刷产品符合人体健康要求。

　　选择绿色印刷图书，畅享环保健康阅读！

北京市绿色印刷工程